Wenn der Himmel
die Erde heute küsst...

BETTINE REICHELT (HRSG.)

Wenn der Himmel die Erde heute küsst ...

GESCHICHTEN
ZUR WEIHNACHTSZEIT

EVANGELISCHE VERLAGSANSTALT
Leipzig

BETTINE REICHELT,

Jahrgang 1967, studierte Evangelische Theologie
in Leipzig. Sie arbeitet teils als Pfarrerin, teils als
freie Autorin und Lektorin. Sie ist Mitglied im
Verband deutscher Schriftstellerinnen und Schriftsteller (VS) und dem Friedrich-Bödecker-Kreis
Sachsen e. V. Seit 2014 arbeitet sie regelmäßig mit
dem Fotografen Fabian Haas zusammen. Bei der
EVA erschienen von ihr eine Max-Reger- sowie
eine Philipp-Melanchthon-Biographie.

Bibliographische Information der Deutschen Nationalbibliothek
Die Deutsche Nationalbibliothek verzeichnet diese Publikation in der
Deutschen Nationalbibliographie; detaillierte bibliographische Daten
sind im Internet über http://dnb.dnb.de abrufbar.

© 2016 by Evangelische Verlagsanstalt GmbH · Leipzig
Printed in Germany

Das Buch wurde auf alterungsbeständigem Papier gedruckt.

Gesamtgestaltung: Ulrike Vetter, Leipzig
Druck und Binden: CPI books GmbH, Leck

ISBN 978-3-374-04427-6
www.eva-leipzig.de

VORWORT

Wenn heute der Himmel die Erde küsst,
dann weißt du, dass bei dir ein Engel ist.
Er sagt zu dir zärtlich: Fürchte dich nicht!
Geh mutig ins Neue, dein Weg führt ins Licht.

Weihnachten. Gott wird Mensch. Jesu Geburt im Stall. Was für eine große, was für eine wunderbare Geschichte. Und doch: Manchmal ist sie uns zu groß, zu wunderbar. Wir können die Tiefe dessen, was in ihr steckt kaum fassen.

Deshalb ist die Advents- und Weihnachtszeit nicht nur die Zeit dieser einen großen, wunderbaren Geschichte sondern auch die Zeit der vielen kleinen Geschichten. Leichte Gedichte, unscheinbare Erzählungen, die versuchen einzelne kleine Aspekte der großen Geschichte aufleuchten zu lassen, von ihr her ein bescheidenes Licht auf diese heilige Zeit zu werfen.

Sie tun das, indem sie großen Worten wie Segen, Gottesnähe, Vergebung, Friede, Liebe, Freiheit oder Gerechtigkeit ein konkretes Gesicht geben.

Die Geschichten und Gedichte in diesem Buch sind genau solche kleinen Texte. Ich hoffe, dass sie es schaffen auf ihre je ganz eigene Weise Glanz in Ihre Vorweihnachtszeit zu bringen.

In diesem Sinne wünsche ich Ihnen allen eine gesegnete Advents- und Weihnachtszeit.

Bettine Reichelt

INHALT

GESEGNET SEI DEIN ADVENT

Ich wünsche dir eine ruhige Adventszeit,
Tage, in denen du zur Ruhe kommst,
dein Leben zu bedenken und dich zu besinnen auf das,
was dir im vergangenen Jahr geglückt,
aber auch das, was misslungen ist
und was du in Zukunft anders machen willst.

Ich wünsche dir eine frohe Adventszeit,
in der du Zeit findest, mit Muße und innerem Frieden
über deine Beziehungen nachzudenken,
um voller Bedacht und Liebe deine Geschenke auszuwählen
und die Wahl deiner Worte zu überlegen,
die du in Briefen und Karten verschickst.

Ich wünsche dir eine gesegnete Adventszeit,
in der du dich in deinen Gedanken und Gefühlen
behutsam einlassen kannst
auf die Botschaft von Versöhnung und Frieden
und sie in ersten Schritten in deinem Leben umzusetzen
vermagst.

ANDREAS MALESSA

DIE »JA-ABER-ZEIT«

Erklären Sie das mal jemandem! Dass man den Vorweihnachtsrummel mitmacht, aber eigentlich dagegen ist. Dass die Pfarrer von einer besinnlichen Feierstunde zur nächsten hetzen, aber überall stille Nachdenklichkeit empfehlen müssen. Machen Sie mal plausibel, dass so ein Geistlicher gegen den Kaufrausch und für das »Wesentliche« predigt, aber im Wesentlichen an jedem Adventssamstag durch die Kaufhäuser pflügt wie alle anderen auch. Dass er die kerzenromantische Schönheit des Brauchtums gut findet, aber die spirituelle Sinnentleerung des Festes schlecht. Kurz: Rüdiger fühlte sich ab Ende November meist mies. Er empfand, tja, wie sollte er sagen, eine Art Glaubwürdigkeitskrise bei andauerndem Erklärungsnotstand.

Als Pfarrer ermahnte er seine Frau und seine zwei Söhne zwar, die irrwitzige Größer-Schöner-Teurer-Spirale beim Geschenkemachen nicht mitzumachen – aber was sollte er machen? Was sollte er machen, wenn man ihm sündhaft teure Rotweine, silberne Füllfederhalter, Virenschutzprogramme und Hörbuch-CDs schenkte? Musste er sich da nicht revanchieren?

Sollte er undankbar sein, dass ihm Schreibwarenhändler und Krankenhausdirektoren, zufriedene Teilnehmerinnen von Studienreisen und wohlhabende Kirchenchorsänger »kleine Aufmerksamkeiten« zusteckten, die im heimischen

Wohnzimmer sofort die spöttische Aufmerksamkeit von Herbert und Susanne erregten?

Herbert und Susanne waren Freunde. Fast zehn Jahre älter als sie. Nicht wirklich eng befreundet, aber doch als sporadische Gäste geschätzt wegen ihrer unkonventionellen Ansichten.

Alle vier saßen beim Espresso nach dem Essen. Ein endlich terminfreier ruhiger Sonntagabend am ersten Advent sollte friedlich ausklingen. Teelichte illuminierten jedes Fensterbrett. Tannenzweige winkten aus den Winkeln der Schrankwand.

»Nicht mit mir, hab ich dem Edeka-Pächter gesagt. Wenn Anfang September in seinen Regalen die Nikoläuse und Lebkuchenherzen das Ende der Sommerferien ankündigen, dann ...!«

Wie energisch Susanne so etwas sagte, das gefiel Rüdiger insgeheim.

»... dann brauchen wir weihnachtsfreie Zonen. Rauchfreie haben wir inzwischen ja überall.«

Sie hatte es nach Jahrzehnten als Heilpädagogin bis zur Dozentin an einer kirchlichen Fachhochschule gebracht. Hatte Alice Schwarzer mal persönlich getroffen und wäre gerne als Frauenbeauftragte in Herberts Firma gegangen. Herbert war Betriebsratsvorsitzender in einem Hightech-Konzern und pflegte, auch äußerlich, die Aura des Spät-68ers. Weißgrauer Fünftagebart, kreisrunde Brillengläser, weiter Pullover über ausgewaschenen Jeans. Zumindest wenn er zu Besuch war.

»Dieses Jahr machen wir ernst!«, grinste Herbert und friemelte seinen Halfzware-Tabak ins Zigarettenpapier.

»Dieses Jahr lassen wir uns weder einlullen noch abzocken von der ganzen Weihnachtsorgie. Gut fand ich ja, was eure Gemeinde da neulich veröffentlicht hat ...«.

Roswitha zögerte beim Zuckernachfüllen und schaute ihren Mann fragend an. Rüdiger erinnerte sich nicht, irgendetwas Kritisches zu Weihnachten veröffentlicht zu haben.

»Na, was Mitte November im Briefkasten lag ...«, Susanne kramte in ihrer wollenen Handtasche mit indianischem Webmuster nach einem Brief.

»Hier: die sogenannte Handreichung des Umweltbeauftragen der Kirchen: Lametta enthält 98 Prozent Blei, Christbaumkugeln sind aus cadmiumhaltigen Schwermetallen und Wunderkerzen verbreiten giftiges Barium-Nitrat. Nur die heimische Rotfichte dekoriert mit Strohsternen, Äpfeln und Bienenwachs-Kerzen wäre ein schöpfungsschonender Weihnachtsschmuck!«

Rüdiger seufzte auf. »Ja, ja, im Prinzip schon«, wollte er sagen, »aber ...«.

Wie er zur Weihnachtszeit immer »Ja, aber« sagen wollte.

»Und dass dieser schädlich dekorierte Tannenbaum an und für sich gar kein christliches Symbol ist, steht auch drin. War mal ein germanisch-heidnischer Fetisch oder so was. Wintersonnenwende, Wotan, nordische Mystik, verstehst du?« Susanne kicherte und faltete die Handreichung wieder zusammen.

»Na ja, ...«, beschwichtigte Rüdiger, »aber ... aber ein christianisierter heidnischer Baum ist doch auch ...«.

Schon wieder hatte er »ja, aber« gesagt. Wie immer um diese Jahreszeit.

Er wurde unterbrochen.

»Bei uns in der Firma ...«, kicherte jetzt auch Herbert und ließ mit einem kräftigen Zug sein krummes Tabakröllchen aufglühen, »bei uns geht gerade so eine Nikolaus-Verarsche aus dem Internet rum: Der Schlitten des Nikolaus müsste rund 378.000 Tonnen Geschenke transportieren, wenn er jedem Kind aus den christlichen Familien der

Weltbevölkerung auch nur 1 Kilogramm Spielzeug bringt! Ein gesundes Rentier kann ca. 175 Kilogramm ziehen, also bräuchte der Nikolaus etwa 216.000 Rentiere am Gespann. Deren addiertes Eigengewicht im vollen Galopp plus die Nutzlast des Schlittens ergäbe im All als beschleunigte Gesamtmasse eine Geschwindigkeit von 1040 Kilometer-pro-Sekunde! Das heißt: Die Viecher würden bei Eintritt in die Erdatmosphäre an ihrem eigenen Luftwiderstand verglühen. Den korpulenten Nikolaus würde es mit einem Druck von 20,6 Millionen Newton an die hinter ihm gestapelten Geschenke nageln!«

Die beiden lachten. Herbert über seinen eigenen Witz. Susanne über so viel auswendig gesagte Zahlen. Rüdiger über die Vorstellung an sich.

Er griff zum Espresso-Tässchen. »Na ja, hehe, aber ... komischerweise lieben wir selbst noch den verglühenden Nikolaus mehr als alle kalten Lehrsätze der Physik.«

Wie er immer zu Weihnachten »Ja, aber ...« sagte.

»Aber jetzt mal Spaß beiseite«, schaltete sich seine Frau überraschend ein. »Wenn ich mir überlege, wie viele zigtausend getrennt Lebende und Geschiedenen sich in der Adventszeit um das Besuchsrecht ihrer Kinder zanken! Wie viel Gezerre es gibt um den Heiligabend-Aufenthalt der Scheidungsopfer, dann ...«.

»Dann müsste man Weihnachten aus humanitären Gründen abschaffen, genau!«, setzte Herbert ihren Satz fort und drückte seine Zigarette aus, »und wie viele Rechtsanwälte ihren Dezemberlohn damit verdienen, diese weihnachtlichen Besuchs-Modalitäten zu erzwingen – es kotzt einen an!«

Rüdiger wurde es unwohl. Die plötzliche Zustimmung seiner Gattin zu diesen weihnachtsfeindlichen Attacken verwirrte ihn.

»Nun ja, das ist die eine Seite, aber ...«.

Sein dezembertypischer »Ja, aber«– Einwand unterlag gegen die temperamentvolle Susanne.

»Und wie viele Ärzte stellen fingierte Atteste aus, um bettlägerige Opas und Omas über Weihnachten in einem Krankenhaus zu parken? Frag mal die Krankenkassen, warum sich häusliche Pflegefälle kurz vor Weihnachten wundersam in stationäre, in klinische Pflegefälle verwandeln!«

»Tatsächlich?!« Roswitha sah ihren Gatten so herausfordernd an, als müsse der sofort was dagegen unternehmen.

»So was gibt's, ja, ja. Aber in unserer Gemeinde zum Beispiel ...«.

Was Rüdiger, der Pfarrer, jetzt von einer sich rührend aufopfernden Frau aus seiner Gemeinde erzählte, die ihre pflegebedürftigen Eltern ..., also das ging irgendwie unter. Weil Susanne aufs Klo ging. Herbert um eine zweite Tasse bat und Roswitha an der Espressomaschine ein ohrenbetäubendes Zischen auslöste. Dem Start einer Boeing 747 nicht unähnlich.

»Weißt du, Rüdiger«, rief Herbert gegen das Rauschen und Röcheln an, »da lob ich mir die Singles. Die machen konsequent und alternativ Heiligabend nix. Ratz fatz nichts!«

Rüdiger schüttelte den Kopf und lehnte sich zurück, um seine Souveränität wieder zu gewinnen. »Ja, aber was ist das: gar nichts machen?«

Roswitha an der Espressomaschine versuchte ihrerseits, das Geräusch eines karibischen Wirbelsturmes zu übertönen: »Glaubst du, die bügeln Heiligabend ihre Blusen, schneiden die Zehnnägel und kochen eine Tütensuppe auf? Nie im Leben!«

»Hinzu kommt ja ...«, Susanne kam herein und schwadronierte weiter, als sei sie nie aus dem Zimmer gegangen, »hinzu kommen ja noch die ungerechten Kakaopreise für westafrikanische Erzeugerländer!«

Die anderen stutzten kurz, waren aber sofort und stillschweigend einverstanden mit diesem thematischen Hakenschlag. »Schokolade ist im Grunde eins der letzten kolonialistischen Produkte. Bettelarme Pflückerinnen ...« Susanne ließ sich wieder zurück auf das Sofa fallen. Ihrem Gastgeber fiel ein, dass im Kühlschrank noch eine Tafel »Weihnachtstraum« liegen musste, seine Lieblingssorte. Mit Mandeln und Zimtgeschmack.

»Jaaaaaa ...«, unterbrach er Susanne gedehnt und jetzt merklich lauter, »aaaaber für diese Kakaopflückerinnen sammeln wir doch schließlich im Advent!«

Ein schlagendes, ein überzeugendes »Ja, aber« war das. Fand er.

Zum ersten Mal entstand eine Verschnaufpause. Herbert, der alte Betriebsrat, hatte Rüdigers ärgerlichen Unterton herausgehört und lenkte diplomatisch ein: »Das ist auch gut so, Rüdiger. Gar nichts dagegen. Nein zum Konsumterror. Ja zur Wohltätigkeit! Euer, wie heißt er, der, euer Spezialpfarrer für den christlich-muslimischen Dialog, der hat auch was zu Weihnachten veröffentlicht. Dass man im Fastenmonat Ramadan mehr Solidarität mit unseren islamischen Mitbürgern zeigen sollte.«

Susanne schwieg stirnrunzelnd und auch Rüdiger verstand nicht ganz, wie sein Gast jetzt vom Kakao-Kolonialismus auf Ramadan kam.

»Und?«, Roswitha goss Herbert eine dritte Tasse Espresso ein, »heißt das, wir sollten unsere Weihnachtsschokolade erst nach Sonnenuntergang essen?«

Alle lachten. Außer Rüdiger. Er kannte den erwähnten Amtsbruder und traute ihm glatt zu, dass der seine Kekse erst im Dunkeln knabberte. Aus Solidarität. Herbert trank aus. Susanne mahnte, jetzt aber bald zu gehen.

Als das Telefon klingelte, standen die beiden auf. Rüdigers Mutter war dran. Nein, sie störe überhaupt nicht, sagte er. Ja, viel Besuch, aber nein, das ist im Advent ja nicht besonders gemütlich. Ja, die Wunschliste für sinnvolle Geschenke an die Enkel kommt demnächst, aber erst wenn ... ja, versprochen, aber erst wenn die Enkel überhaupt Wünsche äußern.

Susanne schulterte die indianische Tasche und hauchte Rüdiger ein Abschiedsbussi an die telefonfreie Wange. Herbert klopfte ihm jovial auf die Schulter, ciao, und Danke für alles, ciao! Roswitha brachte die beiden zur Tür. Rüdiger musste weitertelefonieren.

Wer sich da gerade verabschiede? Sehr nette Freunde. Sehr nette, ja, aber ein bisschen arg weihnachtskritisch. Na ja, aber kritisch bleiben gegen den Rummel ist ja auch wichtig. Ja, der Christstollen ist angekommen, aber probiert haben wir ihn noch ... nein, nicht wegen des Zitronats noch nicht. Nur so nicht. Einfach so noch nicht. Ja, wir sind über Weihnachten zu Hause, aber, na ja, das heißt nein, das ist noch nicht entschieden. Ja. Ja-ha. Aber gern doch.«

MARIA BRANOWITZER-RODLER

DIE WEIHNACHTSGANS

In einem Vorort von Wien lebten in der hungrigen Zeit nach dem Krieg zwei nette alte Damen. Damals war es noch schwer, sich für Weihnachten einen wirklichen Festbraten zu verschaffen. Und nun hatte die eine der Damen die Möglichkeit, auf dem Land – gegen allerlei Textilien – eine wohl noch magere, aber springlebendige Gans einzuhandeln. In einem Korb verpackt, brachte Fräulein Agathe das Tier nach Hause. Und sofort begannen Agathe und ihre Schwester Emma das Tier zu füttern und zu pflegen.

Und so kam der Morgen des 23. Dezember heran. Es war ein strahlender Wintertag. Die ahnungslose Gans stolzierte vergnügt von der Küche aus ihrem Körbchen in das Schlafzimmer der beiden Schwestern und begrüßte sie zärtlich schnatternd. Die beiden Damen vermieden es, sich anzusehen. Nicht, weil sie böse aufeinander waren, sondern nur, weil eben keine von ihnen die Gans schlachten wollte. »Du musst es tun«, sagte Agathe, sprach's, stieg aus dem Bett, zog sich rasend rasch an, nahm die Einkaufstasche, überhörte den stürmischen Protest und verließ in geradezu hässlicher Eile die Wohnung.

Als Agathe nach geraumer Zeit wiederkehrte, lag die Gans auf dem Küchentisch, ihr langer Hals hing wehmütig pendelnd herunter. Blut war keines zu sehen, aber dafür alsbald zwei liebe alte Damen, die sich heulend umschlungen hielten. »Wie ... wie ...«, schluchzte Agathe, »hast du es ge-macht?« »Mit ... mit ... Veronal«, wimmerte Emma. »Ich habe ihr einige deiner Schlaftabletten auf einmal gegeben, jetzt ist sie ...«, schluchzend, »huh ... rupfen musst du sie ... huh huh huh ...«, so ging das Weinen und Schluchzen fort. End-lich raffte sich Agathe auf und begann, den noch warmen Vogel zu rupfen. Federchen um Federchen schwebte in einen Papiersack, den die unentwegt weinende Emma hielt. Und dann beschloss man, nachdem es mittlerweile spät am Abend geworden war, das Ausnehmen der Gans auf den nächsten Tag zu verschieben.

Am zeitigen Morgen wurden Agathe und Emma geweckt. Mit einem Ruck setzten sich die beiden Damen gleichzeitig im Bett auf und stierten mit aufgerissenen Augen und Mündern auf die offene Küchentür. Herein spazierte, zärtlich schnatternd wie früher, wenn auch zitternd und frierend, die gerupfte Gans.

Bitte, es ist wirklich wahr und kommt noch besser. Als ich am Weihnachtsabend zu den beiden Damen kam, um ihnen noch rasch zwei kleine Päckchen zu bringen, kam mir ein vergnügt schnatterndes Tier entgegen, das ich nur wegen des Kopfes als Gans ansprechen konnte, denn das ganze Vieh steckte in einem liebevoll gestrickten Pullover, den die beiden Damen hastig für ihren Liebling gefertigt hatten. Die Pullovergans lebte noch weitere sieben Jahre und starb dann eines natürlichen Todes.

DORIS BEWERNITZ

DER FLECK

Gewundert hatte ich mich ja schon immer ein bisschen. Na gut, ich will mich nicht schlauer machen, als ich bin, also nicht schon immer, aber so ab meinem fünften Lebensjahr. Über die merkwürdig hohe Stimme unseres Weihnachtsmannes.

Eigenartig, oder? Zu manchen kommt der Weihnachtsmann, zu manchen Knecht Ruprecht, zu manchen das Jesuskind, zu manchen das Christkind. Und es ist mir nie gelungen herauszufinden, ob die beiden letzteren identisch sind. Zu uns kam jedenfalls der Weihnachtsmann. Doch die Katze, nach der ich mich so sehnte, brachte und brachte er mir einfach nicht. Obwohl ich sie jedes Jahr von meiner großen Schwester auf den Wunschzettel schreiben ließ.

Zum Glück war der Weihnachtsmann nie besonders streng. Obwohl wir schon wochenlang vorher Lieder und Gedichte für ihn einüben mussten.

Am Heiligabend warteten wir dann. Der Baum war geschmückt, die Krippe aufgestellt, die Eltern erschöpft, der Kartoffelsalat mit den Würstchen auf dem Tisch – genau in dem Moment klingelte es.

Er sagte »Fürchtet euch nicht« und sah sehr vornehm aus. Fast wie ein König. Sein langer Mantel war aus dunkelrotem Samt, hatte einen gewaltigen Pelzkragen, der fast nahtlos in eine ebenso weiße Pelzmütze überging. Sein riesiger

Bart, der ihm von einem Ohr bis zum anderen reichte, fiel ihm über die Brust bis zum Gürtel. Eigentlich konnte man nur ein Bisschen von der Stirn, seine Augen und ein Stück Nasenspitze sehen.

Er zog seinen Mantel nie aus, obwohl es in unserer Stube wirklich sehr warm war.

»Wollen Sie nicht ablegen?«, fragte meine Mutter jedes Mal.

»Nein, danke«, sagte er, »ich muss ja gleich weiter, zu den anderen Kindern.«

Aber dann hatte er es doch nicht so eilig. Erst mussten wir all unsere Lieder und Gedichte vortragen, was lange dauerte. Danach wurden wir von ihm nach unserem Betragen gefragt, größtenteils gelobt – was wohl auch daran lag, dass wir die unartigen Geschichten wegließen – und schließlich beschenkt. Und jedes Jahr hoffte ich wieder auf die Katze. Aber sie kam nicht. Allmählich hatte ich meine Schwester im Verdacht, dass sie sie gar nicht aufgeschrieben hatte.

Nach der Bescherung setzten wir uns alle an den Tisch, auch der Weihnachtsmann, und aßen Kartoffelsalat mit Würstchen. Zu dieser Zeit sah der Weihnachtsmann meistens schon recht verschwitzt aus. Kleine Tropfen standen auf seiner Stirn und manchmal nahm er ein rotes Taschentuch aus dem Mantel und tupfte sich das Gesicht ab.

Wie gesagt, als ich fünf war, hat mich seine hohe Stimme zum ersten Mal irritiert.

Und mit sechs fiel es mir wie Schuppen von den Augen. Das passierte gerade als der Weihnachtsmann nach einem Würstchen griff. Sein Mantelärmel rutsche bei dieser Gelegenheit ein wenig nach oben. Und ich sah etwas, was ich genau zwei Tage vorher auch schon gesehen hatte. Ich sah einen Leberfleck an seinem Handgelenk.

Dieser Leberfleck hatte die Form einer pfenniggroßen Bohne, war dunkelbraun und leicht behaart, und ich war mir sicher, dass es genau solch einen Leberfleck nur einmal auf der ganzen Welt gab. Er gehörte Frau Brinkmann, Vorderhaus, drei Treppen.

Frau Brinkmann war eine alleinstehende ältere Dame, mit der meine Eltern einmal pro Woche Canasta spielten. An jedem Dienstagabend. Normalerweise war sie etwas nachlässig gekleidet, nicht wirklich heruntergekommen, aber es lag immer ein leichter Hauch von Verwahrlosung über ihr. Auch hatte sie die Angewohnheit, armselige Katzenkreaturen von der Straße aufzulesen und wieder gesund zu pflegen. Meist lebten davon vier bis fünf gleichzeitig bei ihr. Vor ihrer Wohnung roch es daher immer etwas streng. Ihre Wäsche trocknete sie an einer Schnur vor dem Fenster. Kurz und gut, sie war bei einigen Nachbarn nicht besonders beliebt. Wir Kinder fanden sie merkwürdig und sahen uns häufig veranlasst, schlecht über sie zu reden oder ihr sogar »Brinkmann – Stinkmann« hinterherzurufen. Dies durften wir auch unbehelligt von den anderen Nachbarn tun. Bekamen es aber unsere Eltern mit, wurden sie richtig zornig.

Die Entdeckung dieses Leberflecks am Heiligen Abend hatte eine verheerende Auswirkung auf mein kindliches Gemüt, auf das Vertrauen zu meinen Eltern, auf meinen feinen, heiligen Weihnachtszauber – einfach auf alles. Ich fing an zu heulen.

Meine Eltern schauten mich entsetzt an und fragten, was los sei. Aber natürlich rückte ich in Anwesenheit des falschen Weihnachtsmannes nicht mit der Sprache heraus. Doch als dieser – beziehungsweise diese – sich endlich von meiner Mutter begleitet zur Tür begab, stellt ich meinen Vater zur Rede.

»Es ist Frau Brinkmann!«, rief ich.

Er sah mich erschrocken an, warf meinen jüngeren Brüdern einen raschen Blick zu, legte den Finger an den Mund und nickte so langsam, als hätte er selbst einen halbmeterlangen Bart am Kinn.

Meine Mutter kam herein, sah uns an und wandte sich an meine Brüder, um ihnen zu erzählen, was der Weihnachtsmann ihr noch unter der Hand aufgetragen hätte, unser Verhalten im kommenden Jahr betreffend.

So war es immer. Sie verriet uns, quasi aus mütterlicher Freundschaft, in welchen Bereichen sich der Weihnachtsmann sich etwas von uns erhoffte. Damit wir im nächsten Jahr gut dastehen konnten.

Mein Vater nickte meiner Mutter zu, nahm mich bei der Hand und zog mich in die Küche. Dort schloss er die Tür.

»Aber es ist Frau Brinkmann!«, rief ich. »Das weiß ich ganz genau.«

»Ja«, sagte er.

»Aber dann ist alles falsch!«, rief ich wütend.

»Nein«, sagte er.

Und dann legte er ausführlich dar, dass das Christkind schließlich an diesem Abend nicht überall gleichzeitig sein könne. Es müsse quasi viele verschiedene Formen annehmen, um alle beglücken zu können. Und da sei es doch froh über jeden, der bereit sei, ihm zu helfen! Ob nun Engel, Knecht Ruprecht, Weihnachtsmann oder Weihnachtsfrau.

»Aber ausgerechnet Frau Brinkmann!«, protestierte ich.

»Ja«, sagte mein Vater. »Ausgerechnet Frau Brinkmann. Kannst du dir denn gar nicht denken, warum gerade sie besonders gut dafür geeignet ist?«

Ich schüttelte den Kopf.

»Wer sollte wohl geeigneter sein«, sagte er, »als jemand, der denen, die ihn ärgern, eine Freude machen möchte?«

Das war eine lange und komplizierte Frage für ein sechsjähriges Kind. Darüber musste ich erst einmal gründlich nachdenken.

Was ich dann auch tat.

Im nächsten Jahr kam die Weihnachtsfrau wieder. Als die Reihe an mir war, meine Gedichte vorzutragen und mich zu meinem Verhalten befragen zu lassen, lächelte sie mich plötzlich geheimnisvoll an und sagte, ihr sei zu Ohren gekommen, dass ich aufgehört hätte, einer gewissen Nachbarin »Brinkmann – Stinkmann« hinterherzurufen? Ob das denn wohl stimme.

Ich sah zu Boden und nickte.

Das, sagte sie, seien wahrhaftige Fortschritte im Leben eines Kindes. Und wie sehr sie sich darüber freue.

Und dann bekam ich mein Geschenk. Es war eine rote Kiste mit Löchern oben drin. Und als ich sie öffnete, sprang ein pechschwarzes Kätzchen heraus.

ADVENT

Sie rollen durch die große gläserne Tür, die sich automatisch vor ihnen auftut mit kätzischem Schnurren, sie rollen auf blankem Marmor hinaus in die Helligkeit, in den schnee-verwölkten Morgen, die sie hoffärtig und kühl begrüßt wie die Hoteldamen, die Küchenmamsells, der Herr Direktor; und sie schirmen, wenn es ihre Beweglichkeit zulässt, mit den Händen die Augen ab vor dem Frühlicht, das hinter dem See wie mit Deckweiß aquarelliert auf dem Eis herüber-kriecht zum Hotel, und vor allem Claas Junghans, der alte Maler, spürt beim Anblick des Lichtes lebendiges Reißen im steifen Bein, das mit einer Schiene waagerecht am Rollstuhl fixiert ist, und Pia, seine Tochter, hält ihn mit weichem Hände-druck fest, denn am liebsten würde Claas Junghans dieses Morgenbild malen, und es in einem würdigen Rahmen in die Rotunde hängen, wo es der geschmückten Tanne, dem Adventkranz, dem Knusperhäuschen, dem weihnachtlichen Zauber Ehre erweisen könnte, die Ehre echter Kunst, denn der alte Maler ist stets der erste, der nach dem Morgengruß rasch wieder zurück ins Hotel will, um noch vor dem Früh-stück den Platz zwischen Kaminzimmer und Rezeption, wo sich der Gästecomputer befindet, einzunehmen und seiner Tochter zu befehlen: guck nach! und schon zeigt der Moni-tor in einer Art Videotanz all die Bilder, die Claas Junghans berühmt gemacht haben, und dann rollen sie heran, die

Damen und Herren Gäste und nehmen ihre Position ein vor dem Bilderreigen, während der Künstler wie jeden Morgen von Museen erzählt, wo er, ein Schüler Franz Marcs, seine Werke einst präsentiert hat, jedoch heute, da Tuberkulose jeglichen Ruhm zernagt, würde er kaum noch ... Tuberkulose! ruft der Herr, den alle kennen und der alle kennt: Doktor med. Erwin Fechtner aus Magdeburg, ein fünfundsiebzigjähriger Witwer in englischem Jackett und senfgelben Cordhosen, der hier jedes Weihnachten seinen Urlaub verbringt und stets überall auftaucht, wo sich die Gäste gern zum Plauschen versammeln: vor der Rezeption, in der Rotunde, im Kaminzimmer, im Speisesaal, in der Kegelhalle, dem Fitnessraum, dem Schwimmbad, auf dem hoteleigenen Bootssteg und natürlich abends in der Bar, wo Doktor Fechtner über die Gebrechenssymptome sämtlicher Gäste referiert, vielwissend, unterhaltsam: ein nimmermüder Pensionär, der ungefragt und doch von den meisten bewundert Sprechstunden abhält, Claas Junghans zum wiederholten Male die Auswirkungen der Tuberkulose, welche man auch die Motten nennt, erörtert und zugleich die anderen Zuhörer beruhigt, dass die Zeiten der Masseninfektion mit myobacterium tuberculosis vorbei sein, doch der Maler will von Krankheiten nichts wissen und begibt sich in eine rettende Absence, während Pia ihrem Vater über den Kopf streicht, ihm vom Computer wegrollt und Doktor Fechtner bittet, Papa doch besser mit lobendem Kunstverständnis zu erfrischen, aber der Arzt besteht auf seinen ureigenen Fähigkeiten, wendet sich dem nächsten Gast zu, von dem er glaubt, ihm sein Handicap aus medizinischer Sicht neu beleuchten zu können, denn Doktor Fechtner fühlt sich im Hotel der Habernack-Stiftung außerordentlich wohl, obgleich er selbst, nur an gelegentlicher Hypertonie leidend, nicht hierher gehört, aber er weiß, dass die meisten Gäste reden wollen und zwar mit ihm über sich, wie auch das Ehepaar Wellemeyr, die mit ihrem Mops aus Oberdischingen angereist sind, beide an Folgen einer Kinderlähmung leidend, wobei Doktor Fechtner bei dem Mops die interessante Beobachtung einer ausgeprägten Mimesis macht, denn wenn immer das Tier glaubt, die menschliche Aufmerksamkeit sei nicht genügend auf es gerichtet, beginnt es, gleich seinen Herrschaften, das rechte Hinterbein nachzuziehen; aber jetzt wird erstmal zum Frühstück geläutet, und die Gäste hinken, schlurfen oder rollen in den geschmückten Speisesaal, von wo man einen herrlichen Blick über den See genießt und der beste Platz für Manja reserviert ist, denn Manja ist von allen Gästen diejenige, die das Schicksal am schwersten getroffen hat, was ihr jedoch nicht bewusst ist, denn im Rollstuhl festgegurtet, einen Latz um die Brust, stößt sie jedes Mal, wenn sie von ihren Eltern an den Essplatz mit Seeblick geführt wird, einen freudigen Schrei aus, so durchdringend, dass selbst der fast taube Herr Wandruschek zusammenzuckt, und es folgen noch mehrere Schreie, alle nach der Art von Vögeln, denn Manja ist eine Vogelkundlerin, wenn auch in ihrer ganz privaten Welt, und so ahmt sie Krähenkrächzen, Papageienkreischen oder Elsternkeckern nach, was ihre Eltern entzückt und Doktor Fechtner veranlasst, seine Tischgenossen über verschiedene Arten von Dysmorphien aufzuklären, denn Manja ist von den Gästen nicht gut geduldet, sie stört das Geistige, auf dem die Gäste hierorts beharren, und so muss Doktor Fechtner die Gäste wegen Manjas Zustand beruhigen, auch wenn die meisten selbst derart versehrt sind, dass sie sich fremder Hilfe nicht erwehren können, und so muss Doktor Fechtner sie wegen Manjas Zustand beruhigen, auf das heilige Weihnachtsfest verweisen, auf die Leiden Jesus und auf die eigenen; dann setzt Manjas Lachmöwenschrei das Ende der Frühstückszeit, und die Gäste rollen aus dem Saal in die Rotunde, wo man sich jeden Morgen zum Adventsingen trifft, mit einer einfältigen, als Engel gekleideten Gitarrespielerin, aber die Gäste lieben es und sind dankbar, dass ihnen die Zeit mit Musik verkürzt wird, während es draußen wieder zu schneien beginnt, ein tolles Griesgestöber aufzieht und den Gästen nichts anderes übrigbleibt, als ihre geplanten Ausflüge in den Hotelpark oder ans Seeufer auf später zu verschieben, in die Bibliothek zu rollen, zu lesen, zu scrabbeln oder sich um den Computer und Claas Junghans zu scharen, der so feurig erzählen kann und eine Tochter hat, um die sie ihn beneiden, vor allem Friedhelm Dalicho, ehemaliger Direktor eines Kernkraftwerkes, dessen Gebrechen Doktor Fechtner schon einmal zu einem abendfüllenden Vortrag über progressive Muskeldystrophie veranlasst hat; und obwohl Friedhelm Dalicho über sein nahes Ende Bescheid weiß, umkreist er mit seinem elektrischen Rollstuhl frech grinsend die weichhändige Pia, flüstert ihr Worte wie Kernfusion oder Teilchenbeschleuniger zu, was Pia als obszön empfindet, und sie würde am liebsten abreisen, wenn nicht Vater auf diesen Urlaub bestünde; und so erduldet sie den Mann mit den schwindenden Muskeln und all die anderen, die Dalicho flegelhaft Geldkrüppel oder Behindertenadel nennt, aber das hören sie nicht, bei so etwas sind sie taub, und Friedhelm Dalicho kann sich die Seele aus dem Leib lästern, so lange bis ihn seine Krankheit müde macht und er mit letzter Kraft in sein Zimmer fährt, wo er nur schwer zur Ruhe kommt; doch auch vor dem Computer kehrt endlich Ruhe ein und die Gäste zerstreuen sich in die Galerie, an den Kickerautomat oder in die Badelandschaft, welche mit technischen Raffinessen wie einem elektrischen Hebekran den Gelähmten aufwartet, so auch dem jüngsten Hotelgast: der zweiundzwanzigjährigen Ethnologiestudentin Kristin von Stachuwitz, einem badischen Adelsgeschlecht entstammend, nur puppengroß, mit von

Geburt an grauenhaft entstelltem Körper, den sie, als sei sie stolz auf diese ungewöhnliche Kreation, in ihrem elektrischen, einer rollenden Babywaage gleichendem Fahrzeug herumfährt und ihr schönes makelloses Gesicht zeigt; aber im Schwimmbad zeigt sie den verblüfften Badegästen noch anderes, nämlich Tätowierungen, die ihren Leib vom Bauch bis zum Hals verzieren: mäandernde Arabesken, Drachenköpfe, Schlangen, archaische Symbole, die selbst Claas Junghans' expressionistische Bilder in den Schatten stellen, und Kristin von Stachuwitz nimmt dankbar das Staunen der Badegäste entgegen, und wenn sie sich in unbegreiflich geschickter Weise mit den Beinstummeln vom Rollwägelchen auf die Wasserrutsche schwingt, aufjauchzend hinab in das Schwimmbecken rauscht und mit den kaum vorhandenen Ärmchen ihre Bahnen zieht, gibt es für die Studentin Applaus; dann ist schon der Mittag da und mit ihm die Gesellschaft der Hungrigen, begleitet von Manjas Zwitschern und dem Geruch des Kommenden, während draußen Schnee die Landschaft zuschüttet wie mit zur Erde gesunkenen Wolken, und die flinkfüßigen Servierkräfte das Menü bringen, Zanderfilet auf der Haut gebraten, da erscheint auch Frau Kunz mit ihren dicken Wasserbeinen, die, samt dem gewaltigen Leib von hochhackigen Schuhen getragen werden, eine riskante Akrobatik, die Doktor Fechtner jeden Tag aufs Neue tadelt, aber Frau Kunz kennt ihre Rechte, vor allem das der freien Entscheidung über die Art der eigenen Existenz, und Noblesse geht ihr nun mal über das Tragen von Gesundheitsschuhen oder zurückhaltender Nahrungsaufnahme, und so vertilgt Frau Kunz drei Portionen Zanderfilet, sie hat ja das Frühstück ausfallen lassen und dadurch einen Kostenbonus erwirkt; zwei Stunden später sitzt sie im Café und nimmt vom Weihnachtskonfekt so viel sie vertragen kann, während sich einige Gäste wagen, durch den eisfrei gehaltenen Weg vom Hotel zur hauseigenen Bootsanlegestelle zu rollen, die schneidend klare Luft zu atmen, die weißglitzernde Seenplatte zu bestaunen, und Manja imitiert Schwanengesang, der wie das Tuten eines Dampfers klingt und ihre Eltern entzückt, aber schnell muss man wieder zurück, denn neue Schneeschauer kündigen sich an, der Heiligabend mit Kinderchor und Weihnachtsmann, wo sich alle in der Rotunde unter der geschmückten Tanne versammeln, mitsingen oder summen, so traurig gerührt wie erwartungsvoll, denn wie in ihrer Kindheit teilen drei Engel Geschenke aus, eine Leistung, die im Buchungspaket der Habernack-Stiftung inbegriffen ist, und Manja würde vor Freude am liebsten aus ihren Fesseln steigen und losfliegen, aber es reicht nur für einen Araraschrei, unfeierlich durchdringend, womit sich Manja böse Blicke auflädt, während Friedhelm Dalicho hämisch seine knochigen Finger reibt, aus tiefster Seele die Störung begrüßend, denn er hasst diesen Zauber, der so weit weg von seinen physikalischen Kenntnissen liegt, so weit wie sein immerwährendes Ziel, Pia für sich zu interessieren, aber da singen sie schon alle im Chor Advent Advent ein Lichtlein brennt, Frau Kunz knuspert am Lebkuchenhäuschen, das hinkende Paar Herr und Frau Wellemeyr summt die Melodie mit, während es dem Mops über das Fell streicht, und er dabei sonderbar knistert, als stünde er unter Strom, aber da schweben die Engel auf Kristin von Stachuwitz zu, um ihr ihr Geschenk auf den Bauch zu legen: eine bestickte Küchenschürze, was Friedhelm Dalicho als herrlich geschmacklos empfindet und lacht, bis ihm die Luft aus dem geschwächten Körper zu weichen droht, und so muss er in sein Zimmer gebracht werden, was wiederum Doktor Fechtner zu einem Kurzreferat über die Auswirkungen des x-chromosalen Erbgangs veranlasst, aber die Hoteldamen wissen mit solcherart Vorfällen umzugehen und beruhigen die Gäste: das

Christkind ist schon im Anmarsch, das wissen sie genau; noch einmal singt der Kinderchor, dann ist es draußen dunkel geworden, doch der Schnee leuchtet aus sich heraus durch die Fensterscheiben der Rotunde, und erwartungsvoll rollen die Hotelgäste näher an die Scheiben heran, versuchen aus dem Dämmer etwas zu erkennen; das plötzliche Bellen des Mopses reißt ihre Blicke hoch: sie sehen es kommen, tatsächlich über die Schneedecke des Sees, ein kleines lahmes Wesen, das sich bald als Ente entpuppt, der Mops wie irregeworden kläfft, Manja aufgeregt schnattert, und der Vogel watschelt über den Schnee, legt sich immer wieder auf den Bauch, steckt abwechseln die Füße unter die Flügel, um sie zu wärmen und sich weiterzubewegen, bis vor die Hoteltür, die sich schnurrend öffnet, und er tritt ein, setzt Fuß vor Fuß auf den glatten Marmor, und alle verharren still und demütig in ihren Sesseln oder Rollstühlen, selbst dem Mops hat es das Kläffen verschlagen, und der Vogel dreht eine Runde, ganz selbstverständlich, putzt sich kurz das Gefieder und watschelt durch die elektrisch gesteuerte Tür wieder hinaus in die sagenhafte Nacht, dahin, woher er gekommen war, aber wo ist das? fragt Pia und ihr Vater, der alte Maler Claas Junghans sagt: das weiß der Herrgott allein.

EIN WEIHNACHTSGAST

Einer von denen, die das Kavaliersleben auf Ekeby genossen hatten, war der kleine Ruster, der Noten transportieren und Flöte spielen konnte. Er war von niedriger Herkunft und ohne Familie. Als die Schar der Kavaliere sich zerstreute, brachen schwere Zeiten für ihn an.

Nun hatte er kein Pferd und keinen Wagen mehr, keinen Pelz und keine rotgestrichene Proviantkiste. Er musste zu Fuß von Gehöft zu Gehöft ziehen und trug seine Habseligkeiten in ein blaukariertes Taschentuch eingebunden. Den Rock knöpfte er bis zum Kinn hinauf zu, so dass niemand sehen konnte, wie es um das Hemd und die Weste bestellt war, und in dessen weiten Taschen verwahrte er seine kostbarsten Besitztümer: die auseinandergeschraubte Flöte, die flache Schnapsflasche und die Notenfeder.

Sein Beruf war, Noten abzuschreiben, und wenn alles gewesen wäre wie in alten Zeiten, so hätte es ihm nicht an Arbeit gefehlt. Aber in jedem Jahre das verging, wurde die Musik oben in Värmland weniger gepflegt. Einstweilen wurde er noch als alter Freund auf den Herrenhöfen aufgenommen; aber man jammerte, wenn er kam, und freute sich, wenn er ging. Er roch nach Branntwein, und sobald er ein paar Schnäpse oder einen Toddy bekommen hatte, wurde er wirr und erzählte unerquickliche Geschichten. Er war die Geißel der gastfreien Gutshöfe.

Einmal kam er um die Weihnachtszeit nach Löfdala, wo Liljecrona, der große Violinspieler, daheim war. Liljecrona war auch einer der Ekebykavaliere gewesen; aber nach dem Tode der Majorin zog er auf sein prächtiges Gut Löfdala und blieb dort. Nun kam Ruster in den Tagen vor dem Weihnachtsabend zu ihm, störte die Festvorbereitungen und verlangte Arbeit. Liljecrona gab ihm einige Noten abzuschreiben, um ihn zu beschäftigen.

»Du hättest ihn lieber gleich fortschicken sollen«, sagte seine Frau, »jetzt wird er das so in die Länge ziehen, dass wir ihn über den Heiligen Abend hierbehalten müssen.«

»Irgendwo muss er doch sein«, sagte Liljecrona. Und er bewirtete Ruster mit Toddy und Branntwein, leistete ihm Gesellschaft und sprach die ganze Ekebyer Zeit noch einmal mit ihm durch. Aber er war verstimmt und seiner überdrüssig, er wie all die anderen, obgleich er es nicht merken lassen wollte, denn alte Freundschaft und Gastlichkeit waren ihm heilig. Aber in Liljecronas Haus hatten sie sich nun drei Wochen lang für das Weihnachtsfest gerüstet. Sie hatten in Unbehagen und Hast gelebt, sich die Augen beim Talglichtern und Kienspänen verdorben, im Schuppen beim Fleischeinsalzen und im Bräuhaus beim Bierbrauen gefroren. Doch die Hausfrau wie die Dienstleute hatten sich allem ohne Murren unterzogen.

Wenn alle Verrichtungen beendet waren und der Heilige Abend anbrach, dann würde ein großer Zauber sie gefangen nehmen. Am Weihnachtsfest würden ihnen Scherz und Spaß, Reim und Fröhlichkeit ohne alle Mühe über die Lippen kommen. Alle würden sich mit Lust im Tanze drehen, und aus den dunklen Winkeln der Erinnerung würden die Worte und Melodien der Tanzspiele auftauchen, obgleich man gar nicht glauben konnte, dass sie noch immer da waren. Und dann würden sie alle so gut sein, so gut!

Aber als nun Ruster kam, fand der ganze Haushalt von Löfdala, dass Weihnachten verdorben war. Die Hausfrau und die älteren Kinder und treuen Diener waren alle derselben Meinung, Ruster versetzte alle in lähmende Angst. Sie fürchteten überdies, dass, wenn er und Liljecrona anfingen, sich in den alten Erinnerungen zu ergehen, das Künstlerblut in dem großen Violinspieler aufflammen würde und sein Heim ihn verlieren musste. Einst hatte es ihn nie lange daheim gelitten.

Es lässt sich nicht beschreiben, wie sie jetzt auf dem Hofe den Hausherrn lebten, seitdem er ein paar Jahre bei ihnen geblieben war. Und was hatte er zu geben, besonders an Weihnachten! Er hatte seinen Platz nicht auf irgendeinem Sofa oder Schaukelstuhl, sondern auf einer hohen, schmalen, glattgescheuerten Holzbank in der Kaminecke. Wenn er dort saß, dann zog er auf Abenteuer aus. Er fuhr rings um die Erde, er stieg auf zu den Sternen und noch höher empor. Er spielte und sprach abwechselnd, und alle Hausleute versammelten sich um ihn und hörten zu, Das ganze Leben wurde glanzvoll und schön, wenn der Reichtum dieser einzigen Seele es überstrahlte.

Darum liebten sie ihn, so wie sie das Weihnachtsfest, die Freude, die Frühlingssonne liebten, Und als nun der kleine Ruster kam, war ihr Weihnachtsfriede zerstört. Sie hatten vergeblich gearbeitet, wenn dieser kam und den Herrn des Hauses fortlockte. Es war ungerecht, dass dieser Säufer am Weihnachtstische eines frommen Hauses sitzen und alle Weihnachtsfreude stören sollte. Am Vormittag des Weihnachtsabends hatte der kleine Ruster seine Noten fertiggeschrieben, und da sprach er von Fortgehen, obgleich es natürlich seine Absicht war, zu bleiben.

Liljecrona war von der allgemeinen Verstimmung angesteckt und sagte darum gezwungen und matt, dass es wohl das beste wäre, wenn Ruster über Weihnachten da bliebe, wo er war.

Der kleine Ruster war stolz und gleicht entflammt. Er drehte seinen Schnurrbart auf und schüttelte die schwarze Künstlermähne, die gleich einer dunklen Wolke um seinen Kopf stand. Was meinte Liljecrona eigentlich? Er sollte bleiben, weil er an keinen anderen Ort fahren konnte? Ah, man denke nur, wie sie in den großen Eisenwerken im Broer Kirchspiel standen und auf ihn warteten! Die Gaststube war bereit, der Willkommensbecher gefüllt. Er hatte solche Eile. Er wusste nur nicht, zu wem er zuerst fahren sollte.

»Gott bewahre«, sagte Liljecrona, »so fahre doch.« Nach dem Mittagessen lieh sich der kleine Ruster Pferd und Schlitten, Pelz und Decken. Der Knecht von Löfdala sollte ihn zu irgendeinem Gutshof in Bro kutschieren und dann rasch heimfahren, denn es sah nach einem Schneesturm aus.

Niemand glaubte, dass er erwartet wurde oder dass es ein einziges Haus in der Umgegend gab, wo er willkommen gewesen wäre. Aber sie wollten ihn so gerne loswerden, dass sie sich dies verhehlten und ihn ziehen ließen. »Er hat es selbst gewollt«, sagten sie. Und nun, dachten sie, wollten sie fröhlich sein. Aber als sie sich gegen fünf Uhr im Esssaal versammelten, um Tee zu trinken und um den Christbaum zu tanzen, schwieg Liljecrona verstimmt. Er setzte sich nicht auf die Märchenbank, er berührte weder Tee noch Punsch, er erinnerte sich an keine Polka, die Violine war ihm verleidet. Wer spielen und tanzen konnte, mochte es ohne ihn tun. Da wurde die Gattin unruhig, da wurden die Kinder missvergnügt, alles im ganzen Haus ging verkehrt. Es wurde der allertraurigste Weihnachtsabend. Die Grütze brannte an, die Lichter flackerten, das Holz rauchte, der Wind blies bittere Kälte in die Stuben. Der Knecht, der Ruster kutschiert hatte, kam nicht heim. Die Haushälterin weinte, die Mägde zankten.

Plötzlich erinnerte sich Liljecrona, dass man den Spatzen keine Garbe hinausgehängt hatte und er beklagte sich laut über die Frauen rings um ihn, die alte Sitten außer Acht ließen und neumodisch und herzlos waren. Aber die begriffen wohl, dass ihn Gewissensbisse quälten, weil er den kleinen Ruster am heiligen Weihnachtsabend aus seinem Hause hatte fortgehen lassen. Und ehe man sich's versah, ging Liljecrona in sein Zimmer, versperrte die Tür und begann zu spielen, wie er nicht gespielt, seit er zu wandern aufgehört hatte. Es war Hass und Hohn, es war Sehnsucht und Sturm. Ihr dachtet mich zu binden, aber ihr müsst eure Fesseln umschmieden, Ihr dachtet mich so kleinmütig zu machen, wie ihr selbst seid. Aber ich ziehe hinaus ins Große, ins Freie. Alltagsmenschen, Haussklaven, fanget mich, wenn es in eurer Macht steht. Als die Gattin diese Töne hörte, sagte sie: »Morgen ist er fort, wenn Gott nicht in dieser Nacht ein Wunder tut. Jetzt hat unsere Ungastlichkeit gerade das hervorgerufen, was wir vermeiden wollten.«

Inzwischen fuhr der kleine Ruster durch das Schneetreiben. Er zog von einem Hause zum andern und fragte, wo es Arbeit für ihn gäbe, aber nirgends wurde er aufgenommen. Sie forderten ihn nicht einmal auf, aus dem Schlitten zu steigen. Einige hatten das Haus voll Besuch, andre wollten am Weihnachtstag über Land fahren. »Versuche es beim nächsten Nachbar, sagten sie alle.

Er mochte immerhin kommen und das Behagen von ein paar Werktagen stören, aber nicht das des Weihnachtsabends. Das Jahr hatte nur einen Weihnachtsabend, und auf den hatten sich die Kinder den ganzen Herbst über gefreut. Man konnte doch diesen Menschen nicht an einen Weihnachtstisch setzen, wo es Kinder gab. Früher hatten sie ihn gern aufgenommen, aber nicht jetzt, wo er trank. Was sollte man auch mit dem Menschen anfangen? Die Gesindestube war zu schlecht und das Gastzimmer zu fein.

So musste der kleine Ruster von Hof zu Hof ziehen in dem peitschenden Schneesturm. Der nasse Schnurrbart hing schlaff über den Mund, die Augen waren blutunterlaufen und verschleiert; aber der Branntwein verflüchtigte sich aus seinem Hirn. Ruster begann zu grübeln und zu staunen. War es möglich, war es möglich, dass niemand ihn aufnehmen wollte? Da sah er mit einem Male sich selbst. Er sah, wie jämmerlich und verkommen er war, und begriff, dass er den Menschen verhasst sein musste. Mit mir ist es aus, dachte er. Es ist aus mit dem Notenschreiben, es ist aus mit der Flöte. Niemand auf Erden braucht mich, niemand hat Barmherzigkeit mit mir. Der Schneesturm pfiff und spielte, er riss die Schneehaufen auf und türmte sie wieder zusammen, er nahm eine Schneesäule in die Arme und tanzte damit übers Feld, er hob eine Flocke himmelhoch und stürzte eine andre in eine Grube. »So ist es, so ist es«, sagte der kleine Ruster, »solange man fährt und tanzt, ist es ein fröhliches Spiel, doch wenn man hinab in die Erde soll, dort eingebettet und verwahrt werden, dann ist es Kummer und Leid.« Doch hinab mussten alle, und jetzt war er an der Reihe. War am Ende.

Er fragte nicht mehr danach, wohin der Knecht ihn führte. Er glaubte, dass er in das Reich des Todes fuhr.

Der kleine Ruster verbrannte keine Götter auf dieser Fahrt. Er verfluchte weder das Flötenspiel noch das Kavaliersleben, er dachte nicht, dass es besser für ihn gewesen wäre, wenn er die Erde gepflügt oder die Schuhe genäht hätte. Aber darüber klagte er, dass er nun ein ausgespieltes Instrument war, das die Freude nicht mehr gebrauchen konnte. Niemanden klagte er an; denn er wusste, wenn das Waldhorn gesprungen ist und die Gitarre ihre Stimmer verloren hat, dann müssen sie fort. Er wurde plötzlich ein sehr demütiger Mensch. Er begriff, dass es mit ihm zu Ende ging, jetzt am Weihnachtsabend. Der Hunger oder die Kälte würden ihn umbringen, denn er verstand nichts, er taugte zu nichts und hatte keine Freunde. Da bleibt der Schlitten stehen, und auf einmal ist es hell um ihn, und er hört freundliche Stimmen, und da ist jemand, der ihn in ein warmes Zimmer führt, und jemand, der ihm heißen Tee bringt. Der Pelz wird ihm abgenommen, und mehrere Menschen rufen, dass er willkommen ist, und warme Hände bringen Leben in seine erstarrten Finger.

Von alledem wurde ihm so wirr im Kopfe, dass er wohl eine Viertelstunde nicht zur Besinnung kam. Er konnte unmöglich begreifen, dass er wieder nach Löfdala gekommen war. Er war sich gar nicht bewusst gewesen, dass der Knecht es satt bekommen hatte, im Schneesturm herumzufahren, und nach Hause umgekehrt war. Ebensowenig verstand er, warum er jetzt in Liljecronas Haus so freundlich empfangen wurde. Er konnte nicht wissen, dass Liljecronas Gattin begriff, welche schwere Fahrt er an diesem Weihnachtsabend gemacht hatte, wo er an jeder Tür, an die er geklopft hatte, abgewiesen worden war. Sie hatte so großes Mitleid mit ihm bekommen, dass sie ihre eigenen Sorgen vergaß.

Liljecrona setzte das wilde Spielen in seinem Zimmer fort. Er wusste nichts davon, dass Ruster gekommen war. Dieser saß indessen mit der Frau und den Kindern im Speisesaal. Die Dienstleute, die am Weihnachtsabend dazusein pflegten, waren vor der Langeweile bei der Herrschaft in die Küche geflüchtet.

Die Hausfrau versäumte nicht, Ruster zu beschäftigen. »Sie hören ja, Ruster«, sagte sie »dass Liljecrona den ganzen Abend nur spielt, und ich muss mich um das Tischdecken und das Essen kümmern. Die Kinder sind ganz verlassen. Sie müssen sich der zwei Kleinsten annehmen, Ruster.«

Kinder, das war ein Menschenschlag, mit dem Ruster am wenigsten in Berührung gekommen war. Es gab sie weder in Gasthöfen noch auf Landstraßen. Er scheute sich beinahe vor ihnen und wusste nicht, was er sagen sollte, das fein genug für sie war.

Er nahm die Flöte hervor und lehrte die Kinder, Klappen und Löcher mit den Fingern zu bedienen. Es waren zwei Knaben im Alter von vier und sechs Jahren. Sie bekamen eine Lektion auf der Flöte, und das interessierte sie sehr.

»Das ist A«, sagte er, »und das C«, und dann griff er die Töne. Da wollten die Kleinen wissen, was das für ein A und was für ein C das war, das gespielt werden wollte. Da nahm Ruster Notenpapier heraus und zeichnete ein paar Noten.

»Nein«, sagten sie, »das ist nicht richtig.« Und sie eilten fort und holten ein Abc-Buch.

Da fing der kleine Ruster an, ihnen das Alphabet abzuhören. Sie konnten und konnten es nicht. Es sah windig aus mit ihren Kenntnissen. Ruster wurde eifrig, hob die Knirpschen auf seine Knie und begann sie zu unterrichten. Liljecronas Frau ging aus und ein und hörte ganz erstaunt zu. Es klang wie ein Spiel, und die Kinder lachten die ganze Zeit; aber sie lernten dabei, ja, das taten sie.

Ruster fuhr ein Weilchen fort, aber er war nicht recht bei dem, was er tat. Er wälzte die alten Gedanken, die er im Schneesturm gehabt hatte, in seinem Kopf. Hier war es gut und behaglich, aber mit ihm war es doch auf jeden Fall aus. Er war verbraucht. Er würde fortgeworfen werden. Und urplötzlich schlug er die Hände vors Gesicht und begann zu weinen.

Da kam Liljecronas Frau hastig auf ihn zu.

»Ruster«, sagte sie, »ich kann verstehen, dass Sie glauben,

für Sie sei alles aus. Sie haben kein Glück mit der Musik, und Sie richten sich durch den Branntwein zugrunde. Aber es ist noch nicht aus, Ruster.«

»Doch«, schluchzte der kleine Flötenspieler.

»Sehen Sie, so wie heute Abend mit den Kleinen dazusitzen, das wäre etwas für Sie. Wenn Sie die Kinder lesen und schreiben lehren wollten, dann würden Sie wieder überall willkommen sein. Das ist kein geringeres Instrument, um darauf zu spielen, Ruster, als Flöte oder Violine. Sehen Sie sie an, Ruster!«

Sie stellte die zwei Kleinen vor ihn hin, und er sah auf, blinzelnd, so, als hätte er in die Sonne gesehen Es war, als fiele es seinen kleinen trüben Augen schwer, denen der Kinder zu begegnen, die groß und klar und unschuldig waren.

»Sehen Sie sie an, Ruster!« ermahnte Liljecronas Frau.

»Ich getraue mich nicht«, sagte Ruster, denn es schien ihm wie ein Fegefeuer, in den Kinderaugen die Schönheit der Unschuld zu schauen.

Da lachte Liljecronas Frau hell und froh auf. »Dann sollen Sie sich an sie gewöhnen, Ruster. Sie sollen dieses Jahr als Schulmeister bei uns bleiben.«

Liljecrona hörte seine Frau lachen und kam aus seinem Zimmer.

»Was gibt es?« sagt er. »Was gibt es?«

»Nichts andres«, antwortete sie, »als dass Ruster wiedergekommen ist und dass ich ihn zum Schulmeister für unsre kleinen Jungen bestellt habe.«

Liljecrona war ganz verblüfft. »Wagst du das«, sagte er, »wagst du es? Er hat wohl versprochen, nie mehr ...«

»Nein«, sagte die Frau, »Ruster hat nichts versprochen. Aber er wird sich vor mancherlei in Acht nehmen müssen, wenn er jeden Tag kleinen Kindern in die Augen sehen soll. Wäre es nicht Weihnachten, hätte ich dies vielleicht nicht gewagt, aber wenn unser Herrgott es wagte, ein kleines Kindlein, das sein eigner Sohn war, unter uns Sündern zu setzen, dann kann ich es wohl auch wagen, meine kleinen Kinder versuchen zu lassen, einen Menschen zu retten.«

Liljecrona konnte gar nicht sprechen, aber es zitterte und zuckte in jeder Falte seines Gesichts, wie immer, wenn er etwas Großes hörte.

Dann küsste er seiner Frau die Hand, so fromm wie ein Kind, das um Verzeihung bittet, und rief laut: »Alle Kinder sollen kommen und Mutter die Hand küssen.«

Das taten sie, und dann hatten sie ein fröhliches Weihnachtsfest in Liljecronas Heim.

REINHARD BÄCKER

EINEN ENGEL WÜNSCH ICH MIR

Einen Engel wünsch ich mir.
Gottes Nähe möcht ich spüren,
Guter Engel, komm zu mir,
um mich zärtlich zu berühren.

> Einen Engel wünsch ich mir,
> der mir unterwegs begegnet.
> Einen Engel wünsch ich mir,
> der mir hilft und der mich segnet.

Einen Engel wünsch ich mir,
der mich anschaut und mir zulacht.
Einen Engel wünsch ich mir,
der mich tröstet und mir Mut macht.

> Einen Engel wünsch ich mir,
> der mir zuhört, wenn ich frage.
> Einen Engel wünsch ich mir,
> dass er mir die Wahrheit sage.

Einen Engel wünsch ich mir,
um des Nächsten Not zu sehen.
Einen Engel wünsch ich mir,
um den Friedensweg zu gehen.

Einen Engel wünsch ich mir,
Gott zu loben hier und heute.
Guter Engel, komm zu mir,
mir zu mir die Weihnachtsfreude.

CORINNA ANTELMANN

DIE SACHE MIT DER EWIGKEIT

Die Farben waren das Erste, was er bemerkte, als er die Augen aufschlug. Verschiedenfarbige Augen, blau das eine, mit himmelhellem Schimmer, und grün das rechte – ein sattes Grün, das von erfüllten Hoffnungen sprach. Das Licht eines Scheinwerfers streifte die Glastür vor ihm, bevor es abermals sein Spiegelbild zurückwarf: das vertraute Gesicht mit diesen veränderten Augen.

Er beobachtete in der Spiegelung, wie sich ihm eine Frau von hinten näherte, zielstrebig die Klinke fasste, die Tür aufstieß, vor der er doch stand, und hineintrat. Irritiert sah er an sich herunter: keine Knochen, kein Fleisch fanden sich dort, stattdessen ein gähnendes Nichts, durch das die Frau mühelos hatte hindurch gleiten können.

Er schloss die Augen, und als er nach innen horchte, klangen Engelschöre in seinem linken Ohr, jenes, das dem hellblauen Auge (und dem Herzen) am nächsten stand, ein leichter Gesang, so leicht, wie er sich selbst nie erlebt hatte vor seinem Tode, ja, Tode, und wie sehr er sich dagegen auch zu sträuben versuchte, wusste er plötzlich, was er fortan sein würde: ein Engel. Und trotz seiner Körperlosigkeit knickten ihm die Knie ein, und die Stimmen schwollen an, ohne Harfengeplänkel, reine Stimmen, ätherisch, wie er zu Lebzeiten gehöhnt hätte. Über alles hatte er gehöhnt, seit er sich nach der Scheidung für den Zynismus entschieden hatte und der

Hoffnung abgeschworen, die nun so satt und grün in seinem Auge blitzte.

Ein Engel. Ausgerechnet er.

Er folgte der Frau, und ihr weißer Herbstmantel rief erneut das Bild des Chores in ihm wach: fünfhundert Engel, wie sie dort schwebten und sangen. Bereits wenige Augenblicke nach seinem Tod, das Krachen des Unfalls noch im Inneren seiner Ohren, hatte er sich zu ihnen gesellt, und das betäubende Geräusch war nur zögernd hinter den Engelszungen verblasst. Und erst jetzt wunderte er sich nicht länger über die sonderbaren Farben seiner Augen, nicht über den Unfall, den er in gewisser Weise überlebt zu haben schien, und auch die überraschende Rückkehr auf die Erde verwunderte ihn nicht annähernd so wie die Tatsache, dass ihm ein Spiegelbild gegeben ward, das ihm, und nur ihm, für den Moment der Reflektion seine Gestalt schenkte, aber woher hatte er auch wissen sollen, wie die Gesetze der Engel funktionierten?

Er folgte der Frau weiter, in den Zuschauersaal hinein, wo er sich neben sie auf einen der unbequemen Stühle setzte, aber ohne Rückgrat, ohne Muskulatur und Nervenbahnen, konnten ihn die geschundenen Steißbeine der anderen lediglich zum Lachen bringen. Er schielte auf das Datum der Armbanduhr, die sich um das zarte Handgelenk zu seiner Linken schlängelte und erkannte: drei Tage musste er nun tot sein. Das konnte ja heiter werden, und um ihn herum all diese Frauen, was machten die einen Tag vor Heiligabend bloß im Planetarium? Er studierte ihre Gesichter, als sich zwischen sie und ihn plötzlich dieses eine Gesicht schob: Clara. Clara, wie sie lachte und weinte und flüsterte und liebte und ihn anschrie, nie wieder wolle sie ihn sehen, allein Oskar zuliebe. Ach, wenn sie gewusst hätte, wie sehr er ihn später geliebt und vermisst hatte, seinen Sohn.

Wenn er es gewusst hätte.

Und plötzlich geschah, was er in den letzten Jahren seines Lebens vergeblich erhofft und heimlich gewünscht hatte: Er verspürte Sehnsucht. Sehnsucht nach seiner geliebten Frau, die nach Mango duftete, bevor sie ihn unsanft aus ihrem Leben gestoßen hatte, und Sehnsucht nach Oskar. Es stimmte, das Kind war ihm zu viel geworden, war es immer gewesen: Parasit im Körper der okkupierten Frau, Säugling, der einem zu keiner Zeit Ruhe ließ, auch ihr nicht, schreiendes Baby, Kleinkind. Acht müsste es jetzt sein. Gleich nach der Geburt hatte ihn bereits die Frage gequält, wie lange es wohl dauern werde, bis dieses Geschrei ein Ende nehmen und dieses Kind endlich erwachsen sein würde, um dem elterlichen Haus den Rücken zu kehren, auf dass wieder Friede einkehre in die zersplitterte Ehe.

Eine Ewigkeit, so war es ihm damals erschienen.

Die Frage, was ihm Ewigkeit bedeuten könne, nun, in diesem Zustand als Engel, drang unsanft an die Oberfläche seines Bewusstseins, hämmerte gegen die Membranen seines Verstandes und trieb ihm den Schweiß auf die abwesende Haut. Das also passierte auch den Ätherischen, plötzliches Schwitzen. Er grinste, doch dass ihn niemand sehen konnte, verleidete ihm die Häme. Kein Publikum, nicht einer, der sich umdrehte und Buh, was für ein widerlicher Gestank nach sardinensaurem Schweiß flüsterte, und er wusste in diesem Augenblick, dass fortan er derjenige sein würde, der zuschaute und wusste auch: Sein Schweiß roch nicht. Er ertastete seine Achseln, nichts, keine verschämte Feuchtigkeit, kein stechender Geruch an den Fingerkuppen, als er sie zu den Nasenlöchern vorschob und leicht an den nicht-vorhandenen Öffnungen rieb. Kein Schweiß und kein Tod, aber auch kein Leben.

Was hieß das: Unendlichkeit? Wie lange hatte er Zeit?

Die Einsamkeit, die bereits zu Lebzeiten an ihm genagt und sich schließlich in sein Herz gebissen hatte, kehrte

schlagartig zurück. Und einsam sollte es nun für immer weitergehen?

Clara, Liebste, ich habe versucht, mich zu versöhnen und dir meine Einsamkeit hinter dem zynischen Gerede zu zeigen. Der bissige Humor, seine Zähne verwandt mit denen der Einsamkeit, er wird mich in Zukunft nicht länger schützen können, oh nein. Es war der vierte Advent, als du zu mir kamst. An diesem Abend wollte ich dir zeigen, was ich empfinde für dich, aber dann konnte ich es nicht ertragen: deinen Anblick, deine Stimme, alles was du mir erzähltest über mich, den abwesenden Vater, über Oskar, unseren Sohn. Also hörte ich auf, die Gläser Wein zu zählen, der Alkohol machte mich munterer, mein Gott, ich schwieg und bot stattdessen an, dich nach Hause zu fahren. Nun habe ich dir neben den Schmerzen auch den Tod gebracht.

Das wollte ich nicht, das bestimmt nicht.

Und er schlug die Hände vor seine Augen. Die Tränen brachten keine Feuchtigkeit hervor und nicht einer, der hätte Mitleid bezeugen können, so unsichtbar, so unendlich. Er schluchzte, doch nicht einmal eine Stimme war ihm gegeben worden. Von wem auch? Dem allmächtigen Chorleiter? Niemand da, niemand, der ihn hörte, selbst dann nicht, wenn er sang. Was sollte er nur machen? Wie würde es weitergehen?

Verzweifelt dachte er, dass es doch etwas geben müsse, eine Bestimmung, eine Aufgabe, als sich ihm unangekündigt eine Frau auf den Schoß setzte, nein, sie sank durch ihn hindurch in die Tiefen der samtenen Polster, nicht ahnend, wie sehr sie ihn dadurch demütigte, den Engel. Es würde dauern, bis er sich daran gewöhnte.

Alles würde dauern in der ewiglichen Zeit, die vor ihm lag.

Wo aber kann ein Engel Trost finden? – In den Sternen, vermutete er, und in eben diesem Moment startete die Vorführung, der Raum wurde dunkel, der Mond schlich an der Kuppel empor und erinnerte ihn an seine langen Abende, je länger, je einsamer, an denen er die Nacht zum Tag gemacht hatte, in der zugigen Ecke seiner Stammkneipe. Das erste Glas Rotwein wich schnell dem zweiten, dem dritten, dem vierten, bis er den Sternen zugeprostet hatte, die in der Stadt so selten zu sehen waren, hier hingegen umso klarer. Doch kaum versank er in die Betrachtung die Kreuze des Südens und wie sie alle hießen, ein Engel wusste nicht mehr davon als ein Sterblicher, da zeigten sich ihm verworrene Bilder eines Jungen, die zumindest soviel erahnen ließen, dass der Junge sich in Gefahr befinden musste, womöglich in Todesgefahr.

Er drehte sich um, bemüht, die Reaktionen der anderen zu erheischen, aber nur ihm allein schien sie zu erscheinen, die Erscheinung; vielleicht, dass dies die Bestimmung war, die seinem Tod, der noch kein endgültiger zu sein schien, einen Sinn verleihen würde.

Die Bilder des Jungen waberten durch das Planetarium, und er erkannte seinen Sohn, dem er nur ein-, zweimal in den letzten Jahren begegnet war. Ja, Clara, ich habe mich nicht gekümmert um ihn, aber weißt du es nicht? Ich war selbst noch ein Kind, bin es noch – er stockte. Waren Engel unschuldig wie die Kinder? Was wissen wir von ihnen? Er wusste nichts, trotz seiner Gestalt. Doch eines schien ihm plötzlich gewiss, hier unter den Sternen, künstlich projiziert von einer Lichtmaschine mit soundsoviel Watt: dass er soeben eine Aufgabe erhalten hatte, und jetzt rannte er los, nur los, und, oh Wunder, er rannte nicht, er schwebte, durfte Ton sein, Melodie. Und wie die anderen zuvor durch ihn hindurchgeglitten waren, so war es nun an ihm, durch die Wände hindurchzugleiten, um draußen weiter zu schweben und weiter, als hinge ein Leben daran, wie hastig er von einem Ort zum anderen käme.

Hastiger als erwartet und ohne einen Weg zurückgelegt zu haben.

Er schaute auf, und zum zweiten Male an diesem Tage sah er sein Spiegelbild in einer Glasscheibe, jetzt die eines Fensters. Und waren seine Augen auch noch in diesem Blau und diesem Grün, so erkannte er sich doch sonst nicht wieder: Mit grauem Bart und Doppelkinn trug er einen ihm fremden Körper, als habe er sich fürs Leben kostümiert. Er wunderte sich nur kurz, denn schon kam ihm, ohne dass er danach gesucht hätte, eine Erklärung in den Sinn: er hatte sich eines anderen bemächtigt, den er aus dessen Körper gedrängt haben musste, Verzeihung, Herr, das habe ich nicht gewollt, aber schönen Dank für die Gastfreundschaft und kommen Sie ruhig wieder, wenn es soweit sein wird. Wann, fragen Sie? – Na ja, das weiß ich nicht.

Im Grunde jedoch war ihm dieses bärtige Mondgesicht ohne Namen auch gleichgültig, es war ihm unsympathisch und fremd. Nicht fremd aber schien es den Schülern zu sein, die er nun unterrichtete, sie nahmen ihn mit einer Selbstverständlichkeit, die nur dem Gewohnten zuteilwird. Und erst jetzt bemerkte er, wo er sich befand, in einem schäbigen, von Kreidestaub vernebeltem Klassenzimmer, vor einer Schulklasse, sein eigener Sohn darunter und sein Fach: Naturkundeunterricht. Man schien ihn sehen zu können, doch stärker als das Verlangen, sichtbar zu sein, das ihn am Morgen so heiß erwischt hatte, wog plötzlich die Trauer um das verlorene vertraute Äußere, das er so viele Jahre mit sich herumgetragen, mit dem er geliebt hatte, und für das er geliebt worden war, damals, als er noch an die Liebe hatte glauben können, bevor Clara gegangen war und diesen Glauben mit sich nahm. Er überlegte, was ihm mehr Kummer bereitete: die Gewissheit, Engel zu sein oder die neue äußere Erscheinung.

War er es, zu dem die Schüler aufmerksam schauten? Wer war er?

Offenbar hatte er als Engel Menschengestalt angenommen, um den aufmerksamen Schülern Natur nahezubringen, was aber sollte er ihnen erzählen, Klarinettist war er gewesen. Und während er noch trauerte und sich wunderte, sprach er bereits von den Merkmalen, die eine Tanne von einer Kiefer zu unterscheiden halfen, lange musste es her sein, dass er durch einen Wald gelaufen war, eine Ewigkeit. Wie inflationär die Lebenden Begriffe verwendeten, die einem Engel Schrecken bereiteten.

Es klingelte. In Erinnerung an die eigene Schulzeit, als seine Augen noch gleichfarben und neugierig in die Gegend geblickt hatten, wähnte er das Ende der Stunde gekommen und beobachtete, wie sein Sohn den Ranzen hob und sich von ihm mit der Mischung aus Angst und Bewunderung verabschiedete, die ein Achtjähriger einem Lehrer entgegenbringt, ohne den Vater zu erkennen. Er, noch uneins mit dem, was andere in ihm sahen, musste sich zurückhalten, um nicht loszustürmen und all das Versäumte in eine Umarmung münden zu lassen, die dem armen, nichtsahnenden Jungen hätte sonderbar erscheinen müssen. Stattdessen murmelte er: Bis Morgen und immer hübsch fleißig, oder etwas in der Art, mit einer Stimme, die ihm nicht geläufig war, doch zumindest wurde er wieder erhört, verstanden, erkannt.

Die aufgeregten Jungen- und Mädchenstimmen wichen einer Ruhe, die der Klassenraum dankbar entgegennahm. Er überlegte, was die Gestaltwandlung – früh noch ein Engel und nun dem Anblick nach wieder Mensch, dazu die Gegenwart seines Sohnes – wohl bedeuten könne, als ihm die Antwort in den Sinn kam, so plötzlich und klar, dass sie ihm eingeflüstert worden sein musste (von Wem-auch-immer:

dem Herren der Himmelspforten, der inneren Stimme, einer dicken Frau vielleicht): Oskars Schutzengel würde er sein, keine Frage, Schutzengel der armen Waise. Bei diesem Wort erschrak er: ja, eine Waise, das war Oskar jetzt, vaterlos schon immer auf eine Art. Ein Schmerz durchfuhr diesen gebeutelten Körper, der blass und schal an ihm herunterhing, ohne die gewohnt zarten Klarinettistenhände am Ende des Armes.

Clara hatte er mit ihnen zum Leuchten gebracht.

Er packte die Bücher Naturkundeunterricht für die Grundschule in die Aktentasche, die ihm die fremde Gestalt, in der er schmarotzte, als die seine anzeigte. Dürfen Engel Körper stehlen, um wirken zu können? – Anscheinend ja. Und er lief direkt auf die Wand des Klassenzimmers zu, wenig später jedoch wusste er: mit Schweben und Durch-Wände-Wandeln war es vorbei.

Die Beule an seinem Kopf bezeugte es.

Einer Eingebung folgend, nahm er den Bus in Richtung Norden, dorthin, wo sein bester Freund wohnte, Helfer und Retter in der Not, ein Schutzengel, haha, wie er nun selbst einer sein würde. Und als er durch das halbgeöffnete Fenster die Klänge eines auf Jazz arrangierten Schlagers hörte, wurde ihm warm ums Herz: You're the angel of my heart. Eine beinahe kindliche Freude ergriff von ihm Besitz, als er sich vorstellte, wie es ihm später gelingen würde, den Chören, zu denen er hoffentlich bald zurückkehrte, die eine oder andere Septime abzuringen, um den Klang abzurunden.

Freund Olli hatte es richtig gemacht: Spielte Jazz und hatte erst gar nicht geheiratet. Ja, Clara, ich höre deinen Spott. Angst, sagst du? – Von wegen! Klugheit nenne ich das.

Den ultimativen Jazzchor der vereinigten Engelscharen im Ohr, wie er schon bald unter seiner Leitung klingen würde, klingelte er vergnügt, und erst, als er die Zeichen der

Verwunderung auf des Freundes Stirn wahrnahm, fühlte er wieder diesen Körper, in dem er festsaß: er wog zentnerschwer, zog ihn hinab, vom Himmel in die Hölle; die Wege sind bekanntlich kurz. Und um die Verstörung aufzulösen, kam ihm allein die Wahrheit in den Sinn: Ich bin es, dein alter Freund und Kumpane, im Lehrkörper, ausgerechnet ich, komisch, was?

Olli konnte daran nichts Komisches finden, sondern schlug die Tür zu.

Er läutete Sturm, schalt Olli einen Oberaffen, überlegte es sich dann anders und säuselte Worte des Lobes über der weltbesten Pianistenhände, bis er schließlich die düstersten Kneipengeheimnisse hinausschrie, zum Beispiel Ollis heimliche Anbetung der hübschen Schlagzeugerin, und nach Beteuerungen, Geschrei, Wut und Tränen, öffnete sich jetzt erneut ein Spalt in der Tür, und er konnte den Freund beiseite schieben, in die vertraute Wohnung sprinten und fand auf Anhieb die alte Klarinette zwischen den Unterhosen, die er zu Lebzeiten als Zumutung empfunden hatte: Blechern und der Musik verfeindet, nun jedoch waren seine geborgten Finger ohnehin zu plump und ungelenk, als dass sie ein edleres Instrument verdient hätten, wichtig allein schien, dass Olli die Melodie erkannte, die er jetzt spielte, und dann, leicht schüchtern und ungelenk, den Arm des fremden Lehrers rubbelte und meinte, falls er Oskar suchen würde, ja, der wohne nun bei ihm, sei aber gerade unterwegs, was die Sache erleichtere, denn wie könnten sie ihm die Anwesenheit des Lehrers erklären?

Es fiel ihm schwer, sich Olli als neu ernannten Ziehvater vorzustellen, wenngleich ersatzweise, doch ebenso war es ihm schwergefallen, sich selbst in dieser Rolle zu sehen, als Clara ihm einst die frohe Botschaft überbracht hatte, überwältigt vom Glück, nun unsterblich werden zu können, so dachte sie

vermutlich, denn das sagte nun auch Freund Olli: Unsterblich bist du durch das Kind.

Wer wolle geboren werden, ereiferte er sich, um anderer Leute Todesängste zu beschwichtigen? An des Kindes Stelle würde er sagen: He, was soll der Quatsch, leb oder stirb oder meinetwegen werde Engel, wenn du schon unsterblich sein willst, probier' es halt aus, das Leben ohne Ende, aber lass mich in Ruhe, der ich geboren wurde, um ich selbst zu werden, nicht um verlängerter Arme willen oder Herzen, das zuallerletzt. Denkst du so, Kind, Oskar? Haben wir dich missbraucht in unserer Angst vor uns selbst?

Tut mir leid.

Letzteres verschwieg er Olli, der sowieso nur staunen konnte über den Enthusiasmus, den er als selbsternannter Anwalt ungeborener (und bereits geborener) Kinder an den Tag legte. Als Olli weiterhin darauf bestand, dass die Endlichkeit das eigentlich Schmerzhafte sei, schüttelte er den Kopf, wie könne Endlichkeit je schmerzlich sein, angesichts der Schrecken der Unendlichkeit, des Nichtendenwollenden, der kreisenden Schwingung ohne Septime? Und dennoch verstand er Ollis Wunsch weiterleben zu wollen. Wie könnten sie anders denken, die Sterblichen? Was hatte er selbst gedacht, als er noch glaubte, sich mit der Endlichkeit beschäftigen zu müssen?

Olli lamentierte weiter über seine Endlichkeit. Und dass er der endenden Zukunft ins schwarze Auge blickte, mochte mit der veränderten Situation zu tun haben, nun, da er sich einen Sohn geborgt hatte. Oskar, jemanden, der ihm wohl das einsame Leben des Jazzpianisten vor Augen führte. Aber, rief er, du bist nicht einsam, kannst trinken und rauchen und Frauen treffen, vielleicht die Schlagzeugerin. Olli schüttelte den Kopf, all das sei nichts gegen die Gesellschaft eines Kindes.

Der Gute hatte sich verändert. Aber zumindest holte er jetzt eine Flasche Gin herbei. Als Olli ihm das Glas reichte, lehnte er dennoch ab, denn der Jazz pulsierte auch nüchtern durch seine Blutbahnen, als sie begannen, die Übereinstimmung in der Musik zu suchen, im Gleichklang ihrer Musiker-Seelen spielten sie, bis geschah, womit er hätte rechnen können: Oskar stand in der Tür und fragte, ob Olli die Klarinette gehört habe, die klinge wie – Oskar verstummte, als er ihn sah, die fremde Gestalt des unerkannten Vaters, er wirkte, als denke er etwas in der Art von: Hast du Lehrer im Haus, verheißt das nichts Gutes.

Er hingegen wollte abermals auf Oskar zulaufen, ihn liebkosen, ihn um Verzeihung anflehen für all die Übel, die den Kindern widerfahren, langsam jedoch ging ihm selbst sein weinerliches Getue auf den Geist, und er fragte sich, ob er nicht einfach seinen Job machen sollte, Schutzengeln und, hopp, zurück nach Oben, die Stimme geschwungen und Schluss mit dem Herumphilosophieren. Und vor allem mit dem Anblick von Freund Olli, der dem Jungen ätherisch verzückt entgegenlief und ihm die Schlammflecken vom Pullover klopfte, dass es staubte. Was wollte ihm Olli demonstrieren, wie gut er ihn versorgte, dass Oskar der seine war, von nun an und immerdar, womöglich der rote Faden in dem Gewebe unerfüllter Musikerträume?

Mutig sprang er dazwischen, wischte Oskar Rhabarbersaft aus den Mundwinkeln, doch schon hörten beide Herren die Tür zum Kinderzimmer klappen, und Oskar war verschwunden. Verdutzt schauten die Freunde sich an, jungenlos nun beide, der eine ängstlich vom Tod in den Schwitzkasten genommen, trotzdem ihm doch soviel Zeit blieb, der andere tot und anders anzuschauen, als ihm recht war, mit dem grauen Barthaar eines Wirten, der nach wie vor verschollen blieb, Gott-sei-Dank, was für ein Gerangel, man stelle sich das vor.

Er fasste sich als erster, malte das Lächeln der Engel auf dieses Gramgesicht, warum eigentlich hatte Clara bereits zu Lebzeiten auf diese Art zu lächeln verstanden, und klopfte an Oskars Zimmertür, ein Zimmer, das einst den geleerten Bierflaschen gedient hatte. Oskars Stimme drang durch die Tür, schwach, zu schwach für seinen Geschmack, hoffentlich war Oskar nichts Böses widerfahren, während er selbst sich mit unsinnigen Zukunftsträumen jazzfingriger Pianisten herumgeschlagen hatte, er merkte es wohl: der Streit ergrimmte ihn. Er hatte einen Partner gesucht und eine Memme gefunden. Einen, der sich plötzlich nach Frau und Kind sehnte, nach Bürgerlichkeit, nach Kinderkacke, upps, da war er wohl doch noch, der Zynismus. Eine Frechheit schien es ihm zu sein, dass Olli, jener Olli, der ihm stets davon abgeraten hatte, Familienvater zu werden, denn: wo Windeln, da keine Musik, nun zu verwirklichen anstrebte, was er selbst, auch auf eben des Freundes Rat hin, zu Lebzeiten in die Tonne getreten hatte. Kaum war er von zu Hause ausgezogen, hatten sie gelacht und gesagt: Lass uns lieber eine Session machen.

Oskar öffnete die Tür, seine Seele schien gezeichnet, so mutmaßte der Herr Lehrer und fragte: Was haben wir denn, Junge? Und er sah Olli hinzu stürzen und den Kleinen in den Arm nehmen, wie er selbst es nie mehr würde tun dürfen. Oskar weinte. Weinte über den Tod, doch nicht über den Tod als solchen, nein, er weinte über den Tod der Eltern, ein Teil davon unerkannt vor ihm, offenbar nichts Wichtigeres im Sinn, als sich über Olli zu mokieren und sich durch Klischees den Verstand absaugen zu lassen. Er hatte noch soviel zu lernen, vielleicht also war es doch gut, die Ewigkeit vor sich zu wissen.

Es werde Licht.

Oh, könntest du bitte mein Hirn erhellen, auf dass es nicht länger mit Krimskrams verklebt werde? Er hatte es jetzt eilig, eilig, Oskar zu beschützen, um, ebenso eilig, in den Himmel zurückzukehren und doch noch Antworten zu bekommen, dort oben oder dort innen, wie gerne würde er – aha. Wer immer ihm das eingeflüstert hatte, es schien gelungen: Er wollte für Oskar da sein, und was immer der Sohn von ihm denken mochte, riss er ihn jetzt in seine Arme, ihn zu wiegen und zu trösten, ihm von Tannen zu erzählen, die immergrün seien und neu austrieben im Frühling. All diese Metaphern übers Sterben verwendete er, über Vergänglichkeit und Kreisläufe und Wiederwachsen, über das, von dem er nichts verstand. Doch irgendetwas musste er dem Sohn ja sagen, wie zum Beispiel, dass er in den rauschenden Wipfeln der Tanne den Vater Klarinette spielen hören könne. Ja, so behauptete der Lehrer der Naturkunde, und Olli grinste, verkniff sich das Grinsen jedoch sogleich, schließlich ging es hier um das Beste für Oskar. Er zog sich ans Klavier zurück und schlug zwei, drei Akkorde an und fragte, ob es sich vielleicht so anhöre, wenn der Vater mit ihm durchs Blätterwerk spreche?

Oskar zögerte, seine Tränen trockneten, dann zeigte sich etwas anderes in seinem Gesicht, der Durst nach einer Melodie, die er dem verstorbenen Vater zuordnen könnte. Und so setzten sie sich alle drei an das Piano und schlugen hier ein Gis, dort ein As, versuchten sich an Terzen und Schmerzen, und Oskar erkundigte sich bei seinem Ersatzvater Olli, wie das denn nun sei, das Leben nach dem Tod. Und Olli log nicht, als er antwortete: Keine Sorge, mein Kleiner, Papa ist bei dir. Und später dann hatten sie eine Melodie gefunden, in Fis-Moll mit allerlei Raffinessen geschmückt, die nicht nur Clara beinhaltete, sondern auch ihn, wie er sich dem Sohn hätte zeigen wollen, als er noch lebte.

Das also ist die zweite Chance, danke dafür.

Am nächsten Tag erwachte er aus einem Traum, in dem

der verstoßene Lehrer auf seine Schultern hüpfte und ihm die Gerte in die Seite trieb: Hopp, hopp, Beeilung, wer immer du bist, mich gelüstet nach meinem Körper.

Er drehte und wand sich und versuchte, den Verlassenen abzuschütteln, sich der Last zu entledigen, doch plötzlich saß dort Oskar, der Kleine, auf seinen Schultern und weinte. Und plötzlich hatte er gewusst: Er musste Oskar tragen, damit dieser nicht aufs Pflaster schlüge und an einer Kopfwunde stürbe, wie er sie bei Clara gesehen hatte, kurz bevor ihm selbst schwarz vor Augen geworden war, dort auf der Straße, bevor die Hand ihn empor zog.

Er schlug die Bettdecke zurück und sah auf der faltigen Haut über seiner Hüfte blaue und grüne Striemen, so, als habe eine Gerte – das konnte doch nicht wahr sein! Mit den Fingerkuppen tastete er über die Wunden, oh, Ironie des Schicksals, was hast du noch alles vor, und die Spuren des Traumes hier in seiner neuen vermeintlichen Wirklichkeit wiederzufinden, erschien ihm plötzlich derartig witzig, dass er in lautes Lachen ausbrach. Und ihm kam in den Sinn, ob all das Engelige, das er nach dem ersten Schrecken über seinen eigenen Tod an sich gespürt und sich denken gehört hatte, das Hehre, das Göttliche, die Empörung über irdische Unvollkommenheit, nicht Einbildung gewesen war, ein schwacher Versuch, sich als Engel zu konstituieren, wenn er nun schon kein Mensch mehr sein durfte. Vielleicht hatte er sich alles angeeignet, was er je über Engel gedacht und diese Gedanken in das eigene Hirn gepflanzt, in, ja, so sah er es plötzlich, starren Beton.

Clara, du hattest recht, ich gebe es zu, ich bin ein Betonkopf. Und den habe ich noch, obwohl er vermutlich kahl und fahl in der Leichenhalle liegt. Der Gedanke an seinen geschundenen Körper am anderen Ende der Stadt, beunruhigte ihn so sehr, dass ihm schwindelte.

Er setzte sich auf den Boden und schaute schräg nach oben, dorthin, wo ein Licht das kleine Fensterchen zu überlisten versuchte, das keine Erhellung versprach. Und draußen in den Wolken, da sah er plötzlich jene Bilder wieder, die ihm am Anfang seiner Odyssee heimgesucht hatten: Die Gesichtszüge von Oskar, womöglich in Todesgefahr, und deshalb sprang er sogleich auf und stürmte ins Wohnzimmer.

Wo ist Oskar?, fragte er Olli, der gerade den Baum schmückte und dabei Dizzie Gillespie hörte. Die Frage veränderte den Ausdruck in Ollis Augen, eine winzige Nuance nur, die anzeigte: Er verstand, dass es ernst war, womöglich Gefahr drohte, das kam schließlich alle Tage vor, in dieser gottverlassenen Welt. Und schon rannten sie nebeneinander her, den Weg zum Weihnachtsmarkt, wo Oskar noch hatte Kerzen kaufen sollen.

In seinem Kopf rasten die Bilder des Schreckens kreuz und quer und hin und her, und ihn beschlich die Trauer über die verlorene Liebe zu seinem Sohn, die er doch hätte leben können, gemeinsam mit seiner ganz persönlichen Göttin, Clara.

Er musste stehengeblieben sein, zerflossen in Selbstmitleid, die Unsterblichkeit nicht auf Erden gesucht zu haben. Was wollte er? Leben oder sterben? – Nein lieben! Jedenfalls zog Olli ihn weiter, beim Weihnachtsbaumverkauf stand Oskar und hinter ihm ein hochgewachsener Mann mit einem Knüppel in der Hand, der bedrohlich über Oskars Kopf schwebte.

In übermenschlicher Manier hechtete er quer durch das Weihnachtsgetümmel, wo in den Buden, das zu bemerken konnte er sich sogar im Moment der größten Angst nicht verkneifen, papierene Engel hingen, dann stürzte er den Mann mit dem Knüppel zu Boden und hörte zugleich ein Lachen in seinen Ohren, das Lachen von Oskar. Warum lachte er, ein Lachen unter Todesgefahr, so abgebrüht konnte doch wohl keiner sein? Er lag auf dem Pflaster, unter sich den Körper des großgewachsenen Mannes und schaute durch ein geschwollenes Lid zu Olli empor, der jetzt den Knüppel hielt. Irgendwo zwischen den Salven des Friedens und dem Lachen des Jungen hörte er die baritone Stimme des Freundes: Utensilie des Weihnachtsmannes, das Flüstern klang unterdrückt, als wolle Olli vermeiden, ebenfalls in Lachen auszubrechen.

Er mühte sich von dem vermeintlichen Weihnachtsmann herunter und entschuldigte sich mit Worten, die ihm seine Engelszunge einflüsterte. Versuchte auch zu erklären, was er hier mache und begriff, dass sein Schutzgeengele keinerlei Bezug zu einer realen Gefahr hatte, begriff, was er stattdessen zu begreifen gehabt hatte, und dann, was geschah ihm nur, verschwand er durch Olli hindurch. Hoppla, mein Freund, da sehe ich ja Knödel zwischen der Diätkost liegen, findest du das richtig?

Doch plötzlich wurden die Begriffe von Richtig und Falsch aus seinem Kopf gelöscht, der Beton verflüssigte sich zu Brei, und da wusste er, was geschehen war: Aus der Glasscheibe der Verkaufshütte blickte ihm das Gesicht entgegen, das nur er sehen konnte, ein Gesicht, das Clara in ihrer guten gemeinsamen Zeit jeden Abend zärtlich gestreichelt hatte. Mit ihrem linken Finger hatte sie die Kerbe neben seinem rechten Mundwinkel nachgezeichnet, sie liebte diese Stelle, so, wie sie ihn liebte und er sie.

Freund Olli, was schaust du so komisch durch mich hindurch?

Er lachte und zwinkerte sich mit dem hellblauen Auge selbst zu, als er im selben Moment die Melodie in Fis-Moll hörte und sah, wie Oskar zu Olli rannte und dicht neben den Tannen zum Stehen kam. Aus den grünen Blättern des

Baumes erklang ein Liebesstück für den Jungen, ein Trost, ein Balsam, das Einzige, was er noch hatte tun können auf Erden, als Schutzengel der kleinen Tat, die ihm das Leben nicht gelehrt hatte. Und apropos Lernen, der echte Herr Lehrer war wieder in die Cordhose geschlüpft, aus einem grauenhaften Alptraum erwacht, in dem er umhergeirrt war und seinen eigenen Körper mit Gertenhieben angetrieben hatte.

Und er?

Mit etwas Glück, hatte auch er nur geträumt und wachte bald auf, Clara neben sich, süß duftend nach der reifen Frucht einer Mango. Heiße Wünsche suchten ihm heim und deshalb: Tschüss, mal schauen, wer dort oben an der Pforte steht, um Wünsche wahr werden zu lassen, denn wer könnte das besser wissen, wenn nicht der Engel schützender Sinn: Wunder geschehen immer wieder. He, aber seit wann sind die Pforten mangogelb, und überhaupt: Hört mal, ist das da nicht Clara?

Er schwieg. Ohne Stimmbänder kein Reden mehr.

BETTINE REICHELT

DER KANARIENVOGEL
AUF DEM WEIHNACHTSBERG

Es war ein kalter Winter. Der kälteste, an den ich mich in meiner Kinderzeit erinnern kann. Es war so kalt, dass die Küken im Stall erfroren. Einige Tage fiel der Strom aus und wir mussten die alten Öfen wieder heizen. Den Kachelofen im Wohnzimmer und den Durchbrandofen. Räume ohne Ofen blieben kalt. Wie mein Zimmer. Schlafen konnte ich dort noch. Aber am Tag musste ich mich im Wohnzimmer aufhalten. Später schlief ich auch im Wohnzimmer. In einer Ecke hatte ich mich eingerichtet.

Und ich hatte Rudi mit ins Wohnzimmer genommen. Meinen weißen Kanarienvogel. Mit Rudi konnte ich immer reden, wenn mir niemand zuhörte. Und er vertraute mir. Und nur mir. Jedenfalls bildete ich mir das ein. Er flog auf meine Hand, wenn ich sie ausstreckte und gab Küsschen. Rudi war mein bester Freund.

Und er spielte mit mir. Er saß auf den Häusern, die ich aus Steinen errichtete, nahm am Puppenkaffeetrinken teil, fuhr mit meiner Eisenbahn durch das Zimmer.

Nur wenn ich den hässlichen Kanarienvogel aus Plaste aus der Kiste holte, dann war ich Luft für ihn. Dann setzte er sich zu diesem Tier und redete mit ihm, als sei das sein richtiger Freund. Nicht ich! Ich mochte den Kanarienvogel aus Plaste nicht und verbannte ihn immer nach ganz unten in die Kiste. Nur wenn ich gar nichts anderes mehr zum Aufbauen hatte, dann durfte er sich auch mit auf die Eisenbahn setzen. Dann war Rudi sehr glücklich und ich meist schnell ziemlich ärgerlich.

Unser Umzug ins Wohnzimmer war für Rudi schwierig. Dort war für ihn alles ungewohnt und fremd. Er stieß sich am Gummibaum und an den Gardinenleisten. Ich musste Rudi einschließen, wenn wir nicht da waren. Nur am Abend durfte er ein paar Stunden raus. Dann saß er meist auf meiner Schulter. Manchmal holte ich den hässlichen Kanarienvogel jetzt extra aus der Kiste. Ich bildete mir ein, es würde Rudi freuen. Und vielleicht erzählte er wirklich ein kleines bisschen fröhlicher.

Als ich dann auch noch krank wurde, hatte ich viel Zeit für Rudi. Den ganzen Tag blieb der Käfig offen. Meine Mutter meinte, der Vogel würde sich ja jetzt wohl an die neue Umgebung gewöhnen. Aber Rudi wollte gar nicht mehr von meiner Seite weichen. Er saß den ganzen Tag auf meiner Bettdecke und am Abend brachte ich ihn in den Käfig. Da hockte er dann und sah sehr traurig aus. Ich deckte ihn zu und sagte: »Bis morgen, Rudi. Dann darfst du wieder raus.« Aber er freute sich nicht und sagte kein einziges Wort. Dabei hatte er sich immer in den Schlaf geplappert.

Die Kälte ließ nach. Ich spielte wieder in meinem Zimmer. Aber Rudi blieb im Wohnzimmer. Er hätte dort mehr Platz, meinten meine Eltern. Und: Es könne ja wieder kalt werden. Dann müsse das arme Tier sich noch einmal umgewöhnen.

Aber ich fand: Rudi hat sich gar nicht umgewöhnt. Von Tag zu Tag schien er stiller und trauriger.

Am ersten Advent holte meine Mutter wie immer den Weihnachtsberg vom Boden. Er erhielt einen Ehrenplatz im Wohnzimmer. Das war alle Jahre so. Den Berg hatte mein

Großvater gebaut. Er war ziemlich alt. Jeden Abend nach dem Abendessen stellten wir eine neue Figur auf den Berg. Und am Heiligen Abend würden sie alle an der Krippe versammelt sein. Die Figuren – und wir. Dann erst gab es die Geschenke: Wenn alle angekommen waren.

Der Weihnachtsberg! Rudi, der in den letzten Tagen kaum herumgeflogen war, setzte sich sofort neben die Krippe. »Nein, das geht nicht. Du musst warten bis zum Heiligen Abend.« Wir versuchten Rudi zu verscheuchen. Aber sobald wir den Rücken drehten, saß er wieder dort. Genau neben der Krippe.

»Das geht so nicht«, sagte mein Vater. »Der Weihnachtsberg ist schon sehr alt. Den können wir nicht reinigen. Du musst schon auf dein Tier aufpassen.« Aber Rudi ließ sich nicht belehren. Er flog nicht mehr aufs Bücherregal und nicht mehr auf den Gummibaum. Wenn er überhaupt den Käfig verließ, saß er auf dem Weihnachtsberg. Meist gleich neben der Krippe, manchmal auf einer der Figuren. Und es war deutlich zu erkennen, wo er jeweils gesessen hatte.

Meine Mutter meinte: »Bestimmt ist er krank. Er hat so was doch noch nie gemacht.«

Mein Vater war wütend: »Hab ich dir nicht gesagt, dass du auf dein Vieh achtgeben sollst? Wenn das nicht geht, dann kannst du ihn eben nicht frei herumfliegen lassen. Wir können nicht den kostbaren Berg von deinem kranken Vogel kaputtmachen lassen.«

»Aber ich pass ja auf!« Ich war den Tränen nahe.

»Aber nicht genug. Der Vogel bleibt ab heute im Käfig bis das Weihnachtsfest vorbei ist und basta.«

Ich bettelte und weinte. Aber Vater ließ sich nicht erweichen. Rudi blieb im Käfig.

Manchmal setzte ich mich vor den Käfig und unterhielt mich mit ihm.

Aber es gab so viel zu tun in diesen Tagen, dass ich es oft auch vergaß.

Nach der eisigen Kälte hatte es kräftig geschneit und wir gingen jeden Tag Ruscheln. Wie der Wind rutschten wir auf den Schuhen den Berg hinunter. Dann rannten wir wieder nach oben. Ruscheln war eine herrliche Beschäftigung.

Wenn die Lichter in den Straßen angingen und in den Fenstern die Schwibbögen leuchteten liefen wir nach Hause. Mit roten Nasen und kalten Händen und unsagbar glücklich.

Wenn meine Mutter Rudi in diesen Tagen nicht versorgt hätte, wäre er wohl verhungert. Ich hatte ihn beinahe ganz vergessen.

Dann kam der Heilige Abend heran. Der Weihnachtsberg war nun fast vollständig aufgebaut. Nach dem Kaffeetrinken vor der Christvesper sollte mein Bruder die letzte Figur zur Krippe bringen. Das habe er sich verdient, meinte mein Vater. Er sei in diesem Jahr sehr artig gewesen. Vater sah mich streng an. Und ich wusste, was ich falsch gemacht hatte: Ich hatte nicht auf Rudi aufgepasst und ihn schlecht versorgt. Aber Weihnachten würde es trotzdem werden. Dann würden wir alle in das Krippenspiel sehen und danach war Bescherung.

Ich hatte meine Geschenke mühevoll mit einer eigenen Schleife versehen und war sehr stolz auf mich. Die Zeit schlich an diesem Tag dahin. Meine Eltern liefen hektisch durchs Haus. Mein großer Bruder hatte mit dem Großvater den Baum geschmückt.

Dann klingelte das Glöckchen zum Kaffeetrinken. Bald war die Zeit bis zur Bescherung überstanden.

Ich rannte ins Wohnzimmer. Jetzt! Dachte ich immer wieder. Jetzt geht es gleich los.

Als ich aber das Wohnzimmer betrat, sah ich in lauter traurige Gesichter. Da war keine Weihnachtsstimmung.

Mein Bruder platze heraus: »Du bekommst bestimmt einen neuen!«

Ich sah ihn erstaunt an: »Einen neuen?«

»Weißt du«, sagte meine Mutter, »der Rudi war doch schon sehr alt.«

Und da verstand ich und lief an den Käfig. Und da lag er. Mein Rudi. Neben seiner Stange und war ganz still. Und ich hatte ihn beinahe vergessen. Meinen Rudi hatte ich vergessen. Und nun war er tot. Und ich war schuld. Bestimmt.

»Weißt du«, sagte da mein großer Bruder, »er ist halt schon zur Krippe vorausgeflogen. Da wollte er doch jetzt schon immer sein.« Und er drückte mir den alten Kanarienvogel aus Plaste in die Hand.

Und ich wusste, was ich zu tun hatte. Ich setzte meinen Plaste-Rudi ganz vorsichtig, ganz nah an die Krippe neben das Kind. Dort gehörte er hin.

Es wurde ein stilles und sehr feierliches Weihnachtsfest. Und als wir Rudi im Garten begruben, stellten wir die kleine Krippe aus Holz auf sein Grab.

EVA ZELLER

DIE HEBAMME DES HERRN

Offen gestanden: Anfangs hat es mich gewurmt, dass man mich so geflissentlich übersehen hat. Einfach keine Notiz von meiner Existenz genommen hat, geschweige von meiner Funktion. Mir ist jedenfalls keine Darstellung bekannt, auf der ich unmissverständlich in Erscheinung träte. Höchstens, dass da und dort auf einigen Bildern Frauen herumstehen. Einige machen sich sogar nützlich, schleppen Wasserkrüge und Bottiche herbei, kredenzen der Wöchnerin, die unter engelumschwebten Betthimmeln liegt, eine Suppe, machen Hoppehoppereiter mit dem Kind – was aber meines Amtes ist, bleibt unerfindlich. Die Zahl der Bilder, Fresken, Reliefs, der Stiche und Holzschnitte ist Legion. Ich komme darauf nicht vor.

Früher wollte ich mich ins Bild setzen. Wenigstens in einem der Krippenspiele wäre ich gern aufgetreten. Natürlich wäre das nicht statthaft gewesen. Man hätte mich der Blasphemie geziehen. Außer den sattsam bekannten Figuren hatte da tunlichst niemand etwas zu suchen, niemand etwas verloren. Maria und Josef, Engel und Hirten, Ochs und Esel. Und das Kind natürlich. In der Krippe. Längst durchgelegen auf Heu und Stroh. Holder Knabe im lockigen Haar. Von Locken konnte übrigens keine Rede sein. Aber darauf werde ich später zu sprechen kommen.

Heutzutage verfährt man weniger pedantisch mit Krippenfiguren. Weniger idyllisch. Man ist so frei, zum Beispiel ein Fahrrad an die Stallwand zu lehnen. Ein anderer Dichter, ein großer übrigens, lässt das Kind »vom Seime der Kälber benetzt« sein und behauptet, kürzlich sei dort »auch eingekehrt ein Mädchen, geboren unter dem giftigen Pilz in Hiroshima, zur Sekunde des Blitzes«. Das Entstellteste zwischen die Hirten gestellt, die daneben in ihrer Armut gerade beneidenswert anmuten.

Ich will damit nur sagen: Es wäre heute durchaus an der Zeit, mich einzumischen, Klartext zu reden, zu sagen: Maria sei schließlich nicht die Mutter Buddhas gewesen, die sich, der Legende nach, an einem Baum im Lumbuniwald festgehalten und ohne weitere Umstände und schmerzlos mit einem Sohn niedergekommen sei. Maria hat entbunden wie jede andere Frau, und ich habe getan, was zu tun war, ihr Kreuz gestützt, und während der Austreibungszeit ihr Erleichterung verschafft, indem ich mich so hinstellte, dass sie ihre Füße gegen mich stemmen konnte. Wir haben es beide bewerkstelligt, beide geboren. Dass das Kinde keine Locken hatte, sondern kahl war, konnte ich schon beim Einschneiden des Kopfes sehen.

Ich bin überzeugt, wenn ich mich zu Wort meldete, heute fänden sich Maler und Dichter, die mich rehabilitierten. So könnte ich mir Bilder vorstellen, auf denen ich zu erkennen wäre: dick, versteht sich, plump. Werkelnd mit roten Händen, die zuzupacken und doch sanft zu sein haben, kurz und gut, die Hebamme, Wehmutter, weise Frau, Geburtshelferin, umsichtig, erfahren, verantwortlich dafür, dass die Mutter keinen Schaden nimmt und das Kind nicht zu lange in dem finsteren und engen Schlauch steckt und dann rechtzeitig seinen ersten Schrei ausstößt. Mit Wasserkrügen herumlaufen und schön tun mit dem Kind genügt nicht. Das kann jeder. Mit Herumstehen, Mund und Nase aufreißen und »Ach Gott, ach Gott« sagen, ist nichts getan. Auch Singen, so schön es ist, kann man nicht ewig. Vorher muss die Geburt vonstatten gegangen sein.

Also gut, man unterschlägt mich heute nicht mehr, ganz im Gegenteil, man ist außerordentlich zurückhaltend geworden, was das Kind betrifft. Es wurde sogar schon totgesagt. Die Geburt hat überhaupt nicht stattgefunden. Hier könnte ich zwar als Zeuge auftreten. Statt fand sie, und eine Totgeburt war es auch nicht. Das Kind schrie, kaum dass ich es abgenabelt hatte. Und auch danach hat man in meiner Situation noch alle Hände voll zu tun.

Inzwischen habe ich aber eingesehen, dass trotzdem, oder vielmehr gerade deshalb, auf keiner Darstellung Raum für mich wäre. Nicht einmal mein Name könnte wie unter Gruppenbildern im gesichtslosen Umriss von Kopf und Schultern stehen. Keine Leinwand, kein Flügelaltar wäre groß genug, mich unterzubringen. Ich bin Legion, nicht zu malen, nicht zu benennen, nicht zu besingen. Ich helfe und helfe dem Kind kommen und nehme es in Empfang und verliere dabei keine Worte. Ich steh' nicht an der Krippen hier herum, vergafft in Gott. Ich versuche immer wieder Ihm den Weg zu bahnen. Ich bin jedermann, jede Frau an jedwedem Tag, wo Ihm zur Welt verholfen wird in jedem Jahr des Herrn.

EINE SCHÖNE BESCHERUNG

Wie oft Anna am Heiligen Abend »Wann ist Bescherung?« gefragt hatte, konnte keiner mehr zählen. Es war zu oft.

»Wann ist Bescherung«, fragte Anna und rüttelt ihren Vater am Morgen wach.

»Bescherung? Äh? Was?«, brabbelte Annas Vater verschlafen. »Später«, sagte er dann und drehte sich auf die andere Seite. Anna ging zu Mutti und zog ihr die Bettdecke weg.

»Wann ist Bescherung?«, frage sie.

Annas Mutter schaute auf den Wecker und murmelte: »Wenn jetzt sieben Uhr morgens ist, dann musst du noch mindestens elf Stunden warten.«

»Elf Stunden?«, rief Anna entsetzt. »Das halte ich nicht aus! Können wir nicht früher bescheren?«

»Nein«, knurrte Annas Vater, »und wenn du uns nicht noch ein bisschen schlafen lässt, gibt es überhaupt keine Bescherung.«

Anna ging zu Opa. »Wann ist Bescherung?«

»Heute Abend, und da habe ich eine Überraschung für dich!«

»Oh! Was denn?«

Opa lachte und sagte: »Nur Geduld! Es wird schon Abend werden.«

Geduld! Anna hatte heute keine Geduld. Immer wieder blickte sie auf die Uhr, doch die Zeiger schienen stillzustehen.

Oh, dieser Tag würde nie zu Ende gehen! Als Anna dann zum 43. Mal »Wann ist endlich Bescherung?« gefragt hatte, schickte Mutter sie mit Opa zu einem Spaziergang fort.

»Und kommt nicht so schnell wieder!«, rief sie ihnen hinterher.

Böh! Zuerst war Anna sauer, doch dann machte ihr der Spaziergang mit Opa Spaß. Still war es in den Straßen geworden. Die Geschäfte hatten geschlossen, und die Leute waren zu Hause. Hinter manchen Fenstern schimmerten Weihnachtsbäume. Überall duftete es süß. Richtig geheimnisvoll. Nach Weihnachten.

Langsam schlenderten Anna und Opa durch die kleine Stadt. Vor der Lichtertanne am Rathaus blieben sie stehen, und Opa erzählte von dem Weihnachtsbaum, der damals, als er ein kleiner Junge war, hier gestanden hatte. Es war eine schöne Geschichte. Anna mochte Opas »Von-früher-Geschichten«.

Dann gingen sie auf den Friedhof und zündeten die Kerzen an der kleinen Tanne auf Omas Grab an. Anna sang für Oma ein Lied und Opa erzählte von früher, als Oma noch gelebt hatte. Danach waren Anna und Opa ein bisschen traurig.

»Ja, ja«, sagte Opa und wischte sich schnell eine Träne weg. Dann sah er auf die Uhr und fragte: »Und was machen wir nun?«

»Ist schon Bescherungszeit?«, fragte Anna.

»Nein.« Opa schüttelte den Kopf. »Ein, zwei Schoppen Wein dauert es schon noch. Geh'n wir ins Winzerstübchen?«

Anna nickte. Sie ging gern ins Winzerstübchen. Da saßen Opas Freunde, und die waren sehr nett. Außerdem, wenn Opa sagte, es dauere nur ein oder zwei Schoppen Wein, war es bis zur Bescherung nicht mehr weit. Opas Freunde freuten sich, als Anna und Opa ins Winzerstübchen kamen.

»Endlich jemand, der sich auf Weihnachten freut«, sagte der alte Kommerzienrat und drückte Anna an sich. »Gelt, du freust
dich?«

»Ja, und wie!« sagte Anna. »Du nicht?«

»Doch, doch«, brummte der alte Jakob, und Friedrich, der Wirt, schlug vor: »Und jetzt feiern wir. Einverstanden? Es ist ja schließlich Weihnachten!«

»Einverstanden«, rief Anna und klatschte vor Freude in
die Hände.

»Ja, einverstanden«, brummten Opa und seine Freunde
im Chor.

Dann feierten sie. Es war sehr weihnachtlich. Friedrich
zündete die Kerzen an der Tanne neben dem Schanktisch
an und holte seine Gitarre. Dann sangen sie alle Weihnachts-
lieder, die sie kannten. Das war schön. Anna sang und sang,
und Opa und seine Freunde brummten mit tiefen Stimmen
ein vielstimmiges »Lalala« dazu. Das klang vielleicht lustig!
Später gab es sogar eine Bescherung. Rosa, die Wirtsfrau,
zauberte kleine Päckchen hinter der Theke hervor, und da
waren Kekse, Schokolade, Salzstangen, Tabak und Zigarren
drin. Für jeden war etwas dabei, und alle freuten sich. Und
wie sie sich freuten! Sogar der brummelige Kommerzienrat.

Später hörten sie Weihnachtsmusik im Radio und spielten ›Mensch-ärgere-dich-nicht‹. Und Anna ärgerte sich
auch ganz schön.

»Eins, zwei, drei – und du bist raus«, rief der alte Jakob
zum x-ten Mal und grinste.

Anna warf Opa einen Ärgerblick zu und sammelte ihre
Spielfigur ein. »Und ich krieg' euch noch«, rief sie.

»Na, denn mal zu«, sagte Opa und lachte, und dann
lachten sie alle. Sie lachten und tranken ihre Weinschoppen
und warfen Annas Figuren immer wieder aus dem Spiel.

»Bäh«, ärgerte sich Anna, und aus dem Radio klang ›Süßer die Glocken nie klingen ...!‹

Sie spielten und spielten, und weil es solchen Spaß machte, hörte sie nicht die Glocken zur Messe läuten. Sie sahen nicht, dass es draußen dunkel wurde und sie merkten nicht, dass die Uhrzeiger immer weiterrückten. Da stand Vati auf einmal vor ihnen, und er sah nicht sehr fröhlich aus.

»Na«, schimpfte er, »das ist ja eine schöne Bescherung!«

»Nicht wahr?« fragte Opa »Wir feiern schon mal.«

»Und beschert haben wir auch«, rief Anna. »Schön, nicht?«

»Schön?« Vati musste lachen. »Und uns habt ihr wohl vergessen? Mutti wartet daheim, und ich bin seit über einer Stunde auf der Suche nach euch. Oh, Mutti wird schimpfen!«

»Au weia«, rief Anna, »die Bescherung! Die haben wir ja ganz vergessen.«

»Au weia«, murmelte Opa und starrte auf sein Schoppenglas.

»Na«, sagte da der alte Jakob. »Geht mal los und feiert schön!«

»Und ihr?« fragte Anna. »Müsst ihr nicht auch heimgehen?«

»Naja ... nun ... ich ... ich habe heute nichts mehr vor«, sagte er schließlich leise.

»Ich auch nicht«, brummte der Kommerzienrat. »Bei mir wartet niemand daheim.«

»Niemand?« fragte Anna. »Wie gemein!«

»Hm! Brummte Vati und blickte schnell zu Opa hin. Opas Augen bettelten auch. Da gab sich Vati einen Ruck.

»Na, dann kommt mit zu uns! An Weihnachten alleine sein ist nicht schön!«

»Au ja«, jubelte Anna, »das wird eine schöne Bescherung geben!«

Und das wurde es dann auch. Feierlich und ganz schön fröhlich.

KARL HEINRICH WAGGERL

DER TANZ DES RÄUBERS HORRIFICUS

Gegen Abend nach der ersten Rast wollte Josef mit den Seinen wieder weiterziehen. Er nahm aber den Esel und ritt voraus hinter einen Hügel, um den Weg zu erkunden. »Es kann doch nicht mehr weit sein bis Ägypten«, dachte er.

Indessen blieb die Muttergottes mit dem Kinde auf dem Schoß allein unter der Staude sitzen, und da geschah es, dass ein gewisser Horrificus des Weges kam, weithin bekannt als der furchtbarste Räuber in der ganzen Wüste. Das Gras legte sich flach vor ihm auf den Boden, die Palmen zitterten und warfen ihm gleich ihre Datteln in den Hut, und noch der stärkste Löwe zog den Schweif ein, wenn er die roten Hosen des Räubers von Weitem sah. Sieben Dolche steckten in seinem Gürtel, jeder so scharf, dass er den Wind damit zerschneiden konnte, an seiner Linken baumelte ein Säbel, genannt der krumme Tod, und auf der Schulter trug er eine Keule, die war mit Skorpionsschwänzen gespickt. »Ha!« schrie der Räuber und riss das Schwert aus der Scheide.

»Guten Abend«, sagte die Mutter Maria. »Sei nicht so laut, er schläft«. Dem Fürchterlichen verschlug es den Atem bei dieser Anrede, er holte aus und köpfte eine Distel mit dem krummen Tod.

»Ich bin der Räuber Horrificus«, lispelte er, »ich habe tausend Menschen umgebracht ...«

»Gott verzeihe dir!« sagte Maria.

»Lass mich ausreden«, flüsterte der Räuber, – »und kleine Kinder wie deines brate ich am Spieß!«

»Schlimm«, sagte Maria. »Aber noch schlimmer, dass du lügst!«

Hierbei kicherte etwas im Gebüsch und der Räuber sprang in die Luft vor Entsetzen, noch nie hatte jemand in seiner Nähe zu lachen gewagt. Es kicherten aber nur die kleinen Engel, im ersten Schreck waren sie alle davongestoben, und nun saßen sie wieder in den Zweigen.

»Fürchtet ihr mich etwa nicht?« fragte der Räuber kleinlaut.

»Ach, Bruder Horrificus«, sagte Maria, »was bist du für ein lustiger Mann!«

Das drang dem Räuber lind ins Herz, denn, die Wahrheit zu sagen, dieses Herz war weich wie Wachs. Als er noch in den Windeln lag, kamen schon die Leute gelaufen und entsetzten sich: »Wehe uns«, sagten sie, »sieht er nicht wie ein Räuber aus?« Später kam niemand mehr, sondern jedermann lief davon und warf alles hinter sich, und Horrificus lebte gar nicht schlecht dabei, obwohl er kein Blut sehen und kaum ein Huhn am Spieß braten konnte.

Darum tat es nun dem Fürchterlichen in der Seele wohl, dass er endlich jemand gefunden hatte, der ihn nicht fürchtete.

»Ich möchte deinem Knaben etwas schenken«, sagte der Räuber, »nur habe ich leider nichts als lauter gestohlenes Zeug in der Tasche. Aber wenn es dir gefällt, dann will ich vor ihm tanzen!«

Und es tanzte der Räuber Horrificus vor dem Kinde, und kein lebendes Wesen hatte je dergleichen gesehen. Den krummen Tod hob er über sich gleich der silbernen Sichel des Mondes, die Beine schwang er unterhalb mit der Anmut einer Antilope und so geschwind, dass man sie nicht mehr zählen konnte. Er schleuderte alle sieben Dolche in die Luft und sprang durch den zerschnittenen Wind, gleich einer Feuerzunge wirbelte er wieder herab. So gewaltig und kunstvoll tanzte der Räuber, so überaus prächtig war er anzusehen mit seinen Ohrringen und dem gestickten Gürtel und den Federn auf dem Hut, dass sogar die Jungfrau Maria ein wenig Glanz in die Augen bekam. Auch die Tiere der Wüste schlichen herbei, die königliche Uräusschlange und die Springmaus und der Schakal, alle stellten sich im Kreise auf und klopften mit ihren Schwänzen den Takt in den Sand. Schließlich sank der Räuber erschöpft zu Füßen Marias nieder, und da schlief er auch gleich ein. Josef war längst weitergezogen, als Horrificus endlich wieder aufwachte und benommen seines Weges ging. Alsbald merkte er auch, dass ihn niemand mehr fürchtete.

»Er hat ja ein weiches Herz!« erzählte die Springmaus überall. »Vor dem Kinde hat er getanzt«, zischte die Schlange.

Horrificus blieb in der Wüste, er legte seinen fürchterlichen Namen ab und wurde ein mächtiger Heiliger im Alter, es soll verschwiegen bleiben, wie er im Kalender heißt.

Wenn aber einer von euch etwas zu verbergen hätte und nur sein Herz wäre weich geblieben, so mag er getrost sein. Gott wird ihm dereinst verzeihen um des Kindes willen, wie dem großen Räuber Horrificus.

WEIHNACHTSWUNSCH

In der Stille unter hohem Himmel
den Stern entdecken
den einen Stern
der leuchtet und leuchtet.

In der Stille jener Nacht
unter segnendem Himmel
den Stern entdecken
den einen Stern
der leitet und führt.

Im heiligen Stillschweigen jener Nacht
unter diesem segnenden Himmel
die Arme weit öffnen
für das Licht jenes Sterns
und empfangen, empfangen
und weitergeben.

TITUS MÜLLER

SO WEIT WIE DIE STERNE*

* Mit freundlicher Genehmigung des Verlages
entnommen aus: Titus Müller, Der den Sturm stillt, Begegnungen mit Jesus.
Erzählungen, Gerth Medien 2015

Bel-Assars Töchter schliefen. Die Nacht gehörte ihm. Draußen rauschten beruhigend die Pistazienbäume. Er nahm die Sternenkarten aus der Truhe und legte sie auf den Tisch. Im unsteten Schein der Öllampen schienen sie zu leben: Schatten huschten zwischen den Gestirnen hin und her. Bel-Assar hob behutsam die astronomischen Geräte von ihrem Platz im Regal und stellte sie neben die Karten – seine Dioptra, sein Astrolabium zum Messen der Winkel am Himmel, sein Gnomon zum Messen der Äquinoktialschatten. Er liebte es, von ihnen umgeben zu sein.

Eine Zwergohreule sang ihr Guu-djü-djüt. Bel-Assar sah durch die Fensteröffnung nach draußen. Der Halbmond leuchtete hell und das Blauschwarz des Himmels war übersät von Sternen. Wer hatte diese Schönheit geschaffen? Wer hatte den Planeten ihre Bahnen gewiesen? Und warum blieben sie beständig in Bewegung? Die verlässliche Ordnung der Gestirne erstaunte ihn immer wieder.

Er konnte nur beobachten. Er konnte Tabellen anlegen und die Position des Mondes, der Sonne und der Planeten zu verschiedenen Zeitpunkten notieren. Er konnte ihre Zugbahnen berechnen. Aber er verstand nicht, woher sie kamen und wer sie lenkte.

Was hieß es schon, Sterndeuter zu sein? Die Leute oben in der Festung bewunderten sein Können, er rechnete ihnen den Erdumfang aus, indem er Winkel und Schattenwürfe maß, er prophezeite ihnen, wie das nächste Jahr werden würde, ihre Ernte, ihre Kinderzahl. Aber er verstand nicht, welches Wesen hinter all dem stand. Er war dreiundfünfzig Jahre alt, und er hatte immer noch nicht gefunden, wonach er Nacht für Nacht suchte. Jemand hatte seine Spuren hinterlassen. Wo war diese Gottheit jetzt? Oder war jeder Stern ein Gott und gemeinsam lenkten sie die Geschicke der Menschen?

Ein warmer Schauer zog über Bel-Assars Haut. Er spürte, da war jemand im Raum. Jemand sah ihm zu. Mit angehaltenem Atem blickte er sich um. Da war nichts. Oder doch? Licht strömte durch die Luft, weißes Licht, blaues Licht und rotes Licht. Es umfloss eine Gestalt. Sie nahm feste Form an. Es war ein Mann in blendend weißen Gewändern. Seine Brauen und sein Haar funkelten wie Diamanten. Er sagte: »Hab keine Angst.«

Bel-Assar brachte kein Wort über die Lippen. Er konnte nicht mehr atmen vor Entsetzen.

Der Mann aus Licht machte einen Schritt auf ihn zu. Es ging Wärme von ihm aus wie von einem Feuer, Bel-Assar spürte sie auf den Wangen.

Endlich gelang es ihm, einen raschen Atemzug zu nehmen. Er keuchte: »Bist du ein Stern?«

»Die Sterne leben nicht. Sie lenken auch nicht die Geschicke der Menschen.«

»Dann habe ich mein Leben an einen Irrweg verschwendet?« Bel-Assar sah sich nach seinen Notizen mit den Prognosen für das nächste Jahr um.

Der Mann aus Licht schwieg.

»Du musst ein Gott sein.«

»Nein. Ich bin ein Bote Gottes.«

»Wie kann ich dir dienstbar sein?« Seine Stimme war leise, die Kehle eng durch die Angst.

»Du hast Gott gesucht. Er hat es gesehen. Jetzt möchte er dir eine große Ehre erweisen.«

»Du bist zu mir gesandt worden? Wenn Gott mir einen Boten sendet, dann ist das die größte Auszeichnung.« Was hatte er nur getan, um dieses Geschenk zu verdienen?

Ein Pulsieren ging durch den Mann aus Licht und es wurde sehr hell im Raum. »Er selbst, der Erschaffer allen Lebens, besucht die Erde. Er wird Wunderbares tun und Schreckliches erleiden. Du wurdest auserwählt, ihn zu begrüßen.«

Bel-Assar hob die Hand, um das blendende Licht abzuschirmen. »Ich?«

»Der Allmächtige irrt nicht.«

»Aber wie begrüßt man einen Gott? Was kann ich ihm zur Begrüßung schenken?«

Der Mann lächelte. »Der Allmächtige braucht deine Geschenke nicht. Er hat alles geschaffen. Was du ihm schenken könntest, gehört ihm bereits.«

Er sollte Gott sehen! Er, Bel-Assar, sollte ihn auf der Erde begrüßen! Er konnte unmöglich ohne Geschenk erscheinen. Verzweifelt kaute er auf der Unterlippe. »Es muss doch etwas geben, etwas, das selbst für ihn kostbar ist.«

Der Mann aus Licht sagte: »Deine Liebe.«

Bel-Assar dachte nach. »Meine Liebe zeige ich durch Geschenke. Zum Beispiel habe ich meiner jüngsten Tochter gestern einen Armreif geschenkt. Sie hat sich gefreut, weil der Armreif ihr zeigt, dass ich sie gernhabe.«

»Dann mache Gott ein Geschenk. Er wird es verstehen.«

Und was ziehe ich an? dachte Bel-Assar. »Wird es einen großen Empfang geben?«

»Nein. Du wirst fortan ein anderer Mensch sein, weil du Gott gesehen hast. Du wirst etwas verstehen, das kein Mensch vor dir erkannt hat.«

Ihm rauschte wild das Blut durch die Adern. Das war, was er sich sein Leben lang gewünscht hatte. Der Mann aus Licht war freundlich, aber er war groß und mächtig, und wie würde erst Gott sein? Bel-Assar fürchtete sich. Er wollte nicht allein hingehen. »Ich habe zwei Freunde. Auch sie suchen Gott.«

»Nicht so wie du.«

»Darf ich sie trotzdem mitnehmen?«

»Du kannst sie mitnehmen. Sie werden aber nicht alles verstehen.«

Er machte einen Schritt. Seine Knie waren weich. »Ich werde ihnen sagen, dass ich dich gesehen habe, einen Gottesboten aus Licht, und ich –«

»Sie werden dir nicht glauben«, unterbrach ihn der Mann aus Licht.

»Was soll ich ihnen dann sagen?«

Die Augen des Gottesboten strahlten hell. »Sag ihnen, du hast einen Stern entdeckt.«

»Aber die Sterndeuterei ist Unfug. Oder habe ich dich da falsch verstanden?«

Der Engel drehte sich zum Fenster. Er streckte seinen Arm aus und zeigte in den Himmel.

Bel-Assar fiel die Kinnlade herunter. Ein neuer Stern, strahlend und hell, erschien am Himmel, wo der Engel hingezeigt hatte.

»Folgt diesem Licht«, sagte der Mann und verschwand.

Die Sättel knarrten. Gutmütig schwankten die Dromedare den Berghang hinunter. Ein Dorf kam in Sicht. Die Häuser schmiegten sich an den Hügel. Es war kalt, Atemluft wölbte den Dromedaren aus den Mäulern.

»Du hast die Entdeckung des Jahres gemacht und sagst kaum ein Wort«, schimpfte Melchior. »Welche Laus ist dir über die Leber gelaufen?«

Gaspar sagte: »Lass ihn. Er ist müde. Tut dir nicht auch der Hintern weh? Drei Wochen reiten, und er ist älter als wir beiden, vergiss das nicht. Wenn er Trübsal blasen will, lass ihn Trübsal blasen.«

»Er hat Angst vor diesem Herodes, sage ich dir. War ja auch kein schöner Anblick, wie der getobt hat. Seine Dynastie wird abgelöst, da würde jeder König einen Wutausbruch kriegen. Stimmt's, Bel-Assar? Du fürchtest dich.«

Bel-Assar sah zum Himmel. Der neue Stern war immer noch da. Er leuchtete hell mitten im Sternbild des Löwen. »Es ist ein König«, sagte er leise, »wie die Erde ihn noch nie gesehen hat. Ich versuche, mich innerlich darauf vorzubereiten.«

Sie ritten in das Dorf ein. Seine Gassen waren schmal und der Wind heulte in den Winkeln. Bel-Assar sagte: »Wartet!« Er befahl dem Dromedar mit einem Zungenschlag, sich niederzulegen. Es knickte gehorsam die Knie ein und legte sich auf den Boden. Er stieg aus dem Sattel, ging zur nächstgelegenen Tür und klopfte an.

Die Tür öffnete sich. Ein Mann sagte mürrisch: »Alle Zimmer sind belegt. Ich kann niemanden mehr aufnehmen.«

»Wir sind weit gereist.«

»Das sind andere auch. Die Volkszählung stellt das ganze Land auf den Kopf. Alle müssen in ihre Geburtsorte reisen und Betlehem ist voll mit solchen Rückkehrern. Tut mir leid. Beschwert euch bei Herodes.«

»Wie heißt dieser Ort? Betlehem?« Bel-Assar erschauderte. Er kannte diesen Namen aus den hebräischen Schriften, die er gelesen hatte. Denn du, Bethlehem im jüdischen Lande, bist mitnichten die kleinste unter den Städten in Juda. Aus dir soll mir kommen der Fürst, der über mein Volk Israel ein Herr sei.

War dies womöglich der Ort, den Gott auserkoren hatte? Die Prophezeiung war Jahrhunderte alt.

Bel-Assar sah noch einmal zum Himmel. Er zuckte zusammen. Der Stern war verschwunden! War das ein gutes Zeichen oder ein schlechtes? Hieß es, dass Gott hier ankommen würde?

Er sah sich um. Wenn dies die Stelle war, wo würde dann der Empfang stattfinden? Es gab keine größeren Gebäude. Warum sollte Gott dieses Nest auswählen, diese Einöde?

Wo waren die Musiker? Wo waren die Tänzerinnen? Wo waren die Küchen, in denen das Festmahl vorbereitetet wurde? »Sage an«, fragte er, »gibt es hier irgendwo ein Fest?«

»Nein, davon wüsste ich.« Der Mann musterte Bel-Assars goldbestickte Gewänder. »Es ist ein Jammer. Ich hätte euch gerne aufgenommen. Aber ich habe sogar schon einen Mann mit seiner schwangeren Frau in den Stall verfrachtet. Es ist wirklich nichts mehr zu machen. Kommt wieder einmal vorbei, wenn hier weniger los ist. Dann richte ich euch ein Fest aus.«

Bel-Assar bekam eine Gänsehaut. Er stotterte vor Aufregung: »Könn-können wir uns den Stall einmal ansehen?«

»Männer wie ihr wollt in einem Stall wohnen? Das glaube ich nicht.« Der Wirt runzelte die Stirn. »Aber wie ihr meint, bitte, dort durch die Pforte geht es, seht ihn euch an. Ich glaube nicht, dass er euch gefallen wird.«

Bel-Assar ging zurück zum Dromedar und löste die Kiste mit dem Goldgeschmeide vom Sattel. »Kommt«, sagte er, »nehmt eure Geschenke. Wir sind da.«

»Wie meinst du das?« Melchior sah sich um.

»Der König ist hier.«

Gaspar prustete. »Niemals!«

»Ich bin mir sicher.«

Widerwillig stiegen sie von ihren Dromedaren und nahmen die Myrrhe und das Säckchen mit dem getrockneten Weihrauchharz an sich. Bel-Assar ging voran. Obwohl es kalt war, schwitzte er.

Er öffnete die kleine Pforte und sie betraten eine grob in den Felsen gehauene Höhle. Ihr Boden war mit Stroh bedeckt und es war warm. Ein Dutzend dampfende Schafleiber drängten sich aneinander.

Jetzt kamen auch ihm Zweifel. Das Schaudern musste doch kein Zeichen gewesen sein. Wie sollte Gott in diesem Stall sein?

Hinten, in einem Winkel, erhob sich ein Mann. »Bitte stört uns nicht. Meine Frau hat gerade erst entbunden, sie braucht Ruhe.«

Bel-Assar trat näher. Er sah die Frau, sie lag auf einem Bett aus Stroh. Neben ihr stand eine Futterkrippe. Er beugte sich vor. In der Futterkrippe lag ein Neugeborenes.

»Siehe«, sagte eine Donnerstimme an seinem Ohr, »in ihm ist alles geschaffen, was im Himmel und auf Erden ist, das Sichtbare und das Unsichtbare, es seien Throne oder Herrschaften oder Reiche oder Gewalten, es ist alles durch ihn und zu ihm geschaffen. Und er ist vor allem und es besteht alles in ihm.«

Da begriff er es. Hier war seine Erkenntnis über Gott! Niemand vor ihm hatte das gewusst. Er sagte: »Gott will den Menschen nahe sein, so sehr, dass er bereit ist, ihre Schwäche zu teilen.«

Die Eltern des Neugeborenen sahen ihn erschrocken an. Dann zog ein Lächeln über das Gesicht der Mutter. »Ja«, flüsterte sie.

»Wie weit sich Gott herabgelassen hat«, sagte Bel-Assar, »um hier unter uns zu sein! Er, der bei den Sternen lebt und alles geformt hat und allem Leben gibt.« Er sank auf die

Knie nieder und stellte seine Kiste vor die Futterkrippe. »Ich weiß, es ist dein Gold, das ich dir bringe, mächtiger Gott. Aber es soll dir zeigen, dass du mein Herz besitzt. Danke, dass ich dich auf der Erde begrüßen darf. Danke, dass du zu uns gekommen bist.«

PETRA STEPS

WEIHNACHTSFRIEDEN

Der Wind pfeift heulend um das freistehende Haus mit seinem großem Garten, das unserer Familie seit fünfzehn Jahren Heimat geworden ist. Wir haben es umgebaut und ein wenig vergrößert, nachdem die Großeltern von Thomas es ihrem Enkel vererbt hatten. Ich war damals gerade mit Jannik schwanger und fand es angenehm, wieder zurück ins Erzgebirge zu ziehen. Inzwischen haben wir uns mehr als verdoppelt, und damit meine ich nicht das Gewicht! Aus zwei wurden fünf.

Der Kalender zeigt Samstag an, den letzten Tag vor dem ersten Advent. Ich begebe mich in die Küche. Ein Blick auf das Barometer am Fenster bestätigt mein Gefühl. Der erste Schneefall des Winters liegt in der Luft. Ich habe den Kaffeetisch gedeckt und lasse mir schnell einen Milchkaffee aus dem Automaten, bevor ich zum gemeinsamen Kaffeetrinken rufe. Türen klappern, die Kinder stürmen in die Küche, es wird laut und lauter, alle reden durcheinander. Stühle schrammen über die Holzdielen. Ich rette die Tischdecke, die beinahe samt Geschirr zu Boden geht.

Endlich sitzen alle am Tisch. Ich atme auf.

»Ab morgen herrscht bei uns Weihnachtsfrieden«, sage ich, während ich die Tassen der Kinder mit nach Zimt duftendem Apfeltee fülle. Augenblicklich ist Ruhe. Meine Familie schaut mich ungläubig an. Jonas, unser Jüngster, schaufelt sich gerade einen Haufen selbst gebackene Plätzchen auf den Teller. Mitten in der Bewegung hält er inne.

»Was ist denn Weih-nachts-frie-den?«, fragt der Fünfjährige. Jakob schüttelt unmerklich den Kopf. Jannik spuckt das Wort »Weihnachtsfrieden« halblaut und beinah verächtlich aus. Es klingt, als ob ihm etwas dazu eingefallen ist, was er aber nur ungern laut äußern will.

Mein Mann sagt wie immer nichts. Aber er schaut mich lange an. Dann nimmt er ein Plätzchen, beißt ein Stück ab und trinkt einen Schluck Kaffee dazu.

»Weihnachtsfrieden ist unser Zauberwort für eine harmonische Advents- und Weihnachtszeit«, verkünde ich. Ich will keine kleinkriegerischen Auseinandersetzungen mehr. »Es wird nicht herumgeschrien oder lautstark gestritten, es knallen keine Türen und die Musik in den Kinderzimmern wird auf ein erträgliches Maß reduziert. Erträglich heißt, dass wir uns noch verstehen und meine Worte nicht im Geräuschnirvana untergehen«, schicke ich an die Adresse der beiden Großen. »Wenn es zu Konflikten kommt, sagen alle Beteiligten das Wort ›Weihnachtsfrieden‹ und reichen sich die Hand«, erkläre ich den Kindern weiter. Die beiden Jüngsten beginnen augenblicklich zu streiten.

»Dann darfst du mir meinen Pudding nicht mehr wegnehmen. Und das Lego ist meins«, sagt Jonas zu Jakob.

»Und ihr müsst anklopfen, wenn ihr in mein Zimmer kommt«, fügt Jannik an.

»Am besten, wir stellen Regeln für die Vorweihnachtszeit auf«, schlage ich vor. Dass ich bereits ganz konkrete Vorstellungen für diese Art von Regelwerk habe, behalte ich erst einmal für mich. »Schreibt einfach auf, was euch am meisten nervt. Daraus basteln wir dann die Advents- und Weihnachts-Hausordnung«, kündige ich an. »Die Regeln gelten für alle. Bei Nichteinhaltung gibt es Sanktionen«, füge ich hinzu.

»Was sind Sank-ti-o-nen?«, fragt Jonas.

»So etwas wie Strafen«, antworte ich.

»Haha, dann müsst ihr Geschirrspüler ausräumen, Müll rausbringen, Staubwischen«, höhnt Jakob.

»Ich denke eher an Handyentzug, Computer- und Fernsehstunden verringern, Ausgangszeiten verkürzen«, erwidere ich und verteile Zettel und Stifte.

Thomas schweigt noch immer. »Ich muss erst einmal nach der Heizung sehen und Holz holen«, verabschiedet er sich und geht mit gebeugten Schultern aus der Tür. Ich schaue ihm hinterher. Mein Gefühl sagt mir, dass er gerade schwer an etwas trägt, von dem ich nichts ahne. Ich beschließe, am Abend mit ihm darüber zu sprechen.

Die Kinder nehmen ihre Aufgabe ernst. Jannik und Jakob ziehen sich in ihre Zimmer zurück. Sie haben keine Mühe, die von mir vorbereitenden Zettel mit Stichpunkten zu füllen. Nach etwa einer Viertelstunde poltern sie die Treppe herunter und bringen mir ihre Blätter. Es geht ihnen hauptsächlich um ihre Privatsphäre und ihren Besitz. Und sie wettern gegen Jonas, den ich gerade bei der Formulierung seiner Wünsche unterstütze. Mit seinen fünf Jahren kann er halt noch nicht schreiben. Jonas solle nichts wegnehmen, den Großen nicht auf den Keks gehen, wenn sie mit Freunden telefonieren, chatten oder in ihren Zimmern zusammenhocken.

Die Wünsche von Jonas sind ein wenig anders: Wozu hat man große Brüder, wenn sie sich nicht um einen kümmern, den Zwerg nicht beschützen und sich nicht mit ihm beschäftigen? Ich versuche Jonas zu erklären, dass seine Brüder ihn trotzdem lieben, sie nur noch andere Interessen und wegen der Schule nicht so viel Zeit für ihn haben. Dann schickte ich ihn ins Wohnzimmer zu Thomas, der inzwischen ins Haus zurückgekommen ist. In der Küche brüte ich über

unseren Grundsätzen für ein friedliches Zusammenleben. Ich denke an meine eigene Kinder- und Jugendzeit zurück. Auch ich hatte zwei deutlich ältere Brüder. Sie schoben mir alles in die Schuhe, wenn sie nicht gerade auf frischer Tat ertappt wurden. Die fleißigsten waren sie auch nicht. Wenn ich den Kachelofen nicht geheizt, die Kohlen aus dem Keller geholt und die Asche weggebracht hätte, wäre ich wahrscheinlich erfroren und würde jetzt nicht hier sitzen. »Von wegen beschützen!«, murmele ich vor mich hin. Und meine Eltern waren mir auch keine große Hilfe. Aber will ich ja alles besser machen, möchte gerechter sein als meine Eltern. Die Brüder sollen zu Freunden werden und es ein Leben lang bleiben. So wie Alexandre Dumas Musketiere. »Einer für alle, alle für einen«, hatte D'Artagnan vorgeschlagen und die anderen hatten dem Motto zugestimmt. Die Zahl drei stimmte schon mal. Drei Musketiere – drei Brüder.

Am Abend haben die Kinder die Sache mit dem Weihnachtsfrieden längst wieder vergessen. Ich erinnere sie daran und stelle meinen Entwurf der Hausordnung vor. Die Kinder feilschen um jede Formulierung.

»Ist schon recht«, stimmt Thomas mit nachdenklicher Miene zu, als ich unser Gemeinschaftswerk nicht ohne Stolz vorlese.

»Ich ändere alles im Computer, dann drucke ich die fertige Fassung ein paar Mal aus. Wir hängen sie in jedem Zimmer auf. Morgen schmücken wir gemeinsam das Haus«, kündige ich an.

Jannik will die Endfassung noch ein wenig verschönern. Ich stimme sofort zu. Dann frage ich, wer am Sonntagnachmittag mit zum Adventsmarkt kommen will. Jakob mault herum. Jannik hebt die Hand, klatscht Jakob ab und ruft: »Weihnachtsfrieden!« Ich staune, wie schnell unsere Großen meine Idee verinnerlicht haben und bin zuversichtlich.

Nur Thomas verhält sich komisch. Ich beschließe mit ihm zu sprechen, wenn ich Jonas ins Bett gebracht und die Gute-Nacht-Geschichte vorgelesen habe. Thomas dreht sich zu mir um. »Sandra, lass mich bitte heute vorlesen.« Ich staune noch mehr. Noch nie hatte er sich darum gerissen, Jonas ins Bett zu bringen. Er hatte sich lieber um die Großen gekümmert, die eine Weile länger aufbleiben durften und ihre Gute-Nacht-Geschichten via Handy geflüstert bekamen. Wir haben nie darüber gesprochen, wer was macht. Die Arbeitsteilung hatte sich wie von selbst ergeben. Ich nicke Thomas zu und räume die Küche auf. Dann gehe ich ins Wohnzimmer.

Der Wind hat inzwischen nachgelassen. Während ich die Jalousie herunterfahre, sehe ich die ersten Schneeflocken tanzen. »Das hätte doch noch bis Weihnachten Zeit«, denke ich.

Mit einem langen Streichholz entzünde ich das vorbereitete Kaminfeuer, stelle zwei Gläser auf den Tisch und öffne eine Flasche Wein. Als Thomas zur Tür hereinkommt, gieße ich den funkelnden Rotwein in das erste Glas.

»Möchtest du auch?«

»Gern«, antwortet er.

»Was hast du? Geht es dir nicht gut?«, ermuntere ich ihn zum Sprechen. Thomas nimmt einen tiefen Atemzug.

»Wie kommst du eigentlich auf Weihnachtsfrieden?«, fragt er.

»Ich war gestern in der Buchhandlung. Dort habe ich ein Buch mit dem Titel ›Mein Opa, sein Holzbein und der Große Krieg: Was der Erste Weltkrieg mit uns zu tun hat‹ gesehen.« Ich nehme das Glas, reiche ihm seins und stoße mit ihm an.

»Auf unseren Weihnachtsfrieden!«

»Ach, daher weht der Wind. Bildungsadvent für die ganze Familie! Du lässt aber auch nichts aus.« Ich zögere die

Antwort ein wenig hinaus, bewege den Wein fast kauend im Mund, bevor ich ihn hinunterschlucke.

»Ja, Thomas, natürlich. Das Buch hat mich irgendwie angesprochen. In der Buchhandlung lagen Dutzende Bücher zum Ersten Weltkrieg. Man konnte nicht daran vorbei.«

Mein Mann schaut nachdenklich vor sich hin. Dann sagt er »Als du heute mit Weihnachtsfrieden anfingst, musste ich an meinen Großvater denken. Er wurde 1914 geboren. Sein Vater fiel im Januar 1915. Da war der Weihnachtsfrieden gerade vorbei. Ich habe mir vorgestellt, wie das gewesen sein muss. 100.000 Deutsche und Briten haben am 24. Dezember 1914 den Weihnachtsfrieden ausgerufen. Das war keine autorisierte Waffenruhe, sondern der inständigste Wunsch der Soldaten nach einem friedlichen Tag. Wenn der Weihnachtsfrieden von Dauer gewesen wäre, hätte mein Großvater seine ersten Schritte an der Hand seines Vaters machen können, hätte vom ihm gelernt, wie man einen Stock schnitzt, wäre mit ihm durch die Wälder gestreift. Du weißt ja: Der Urgroßvater war Förster. Ich glaube, er liebte die Natur. Vermutlich hat er sich nichts sehnlicher gewünscht als in Ruhe seiner Arbeit nachzugehen.« Thomas trinkt einen Schluck. »Stell dir vor, der Krieg hätte ein Jahr früher begonnen«, fährt er fort und macht eine Pause. »Sandra, nur ein einziges Jahr! Dann gäbe es mich nicht, nicht uns als Paar, nicht unsere Kinder, wir hätten kein Haus und könnten nicht Weihnachten feiern. Die Kinder hätten keine Großeltern und wir niemanden, der sie uns abnimmt, wenn wir arbeiten müssen.«

Thomas ist ein wenig laut geworden. Jannik, der gerade das Bad verlassen hat, klopft an die Tür und ruft: »Weihnachtsfrieden.« Er kann nicht ahnen, dass wir beide uns gerade im Krieg befinden, in einem Krieg, in den unsere Vorfahren gezwungen wurden oder mit wehenden Fahnen gezogen waren, der nicht ihrer war und der nicht der letzte sein sollte. »Und die glaubten, dass sie Weihnachten wieder zuhause sind – alle.«

Thomas steht auf und legt ein paar Scheite Holz in den Kamin. »Irgendwo da draußen im Schützengraben hat mein Urgroßvater sein Weihnachtspäckchen geöffnet und den Brief seiner Klara gelesen, vielleicht hat sie von der Vorbereitung auf die Geburt berichtet.«

Ich greife nach meinem Glas und drehe es zwischen den Fingern. Mein Blick versenkt sich in die sanften Rotwein-wellen.

»Ich habe eines der Bücher gekauft. Es ist ein Jugendbuch. Aber ich will es erst selbst lesen, bevor ich es den Kindern schenke. Glaubst du auch, dass der Krieg uns noch Genera-tionen später beeinflusst?« Thomas steht erneut auf. Diesmal kommt er zu mir ans Sofa, umarmt mich sanft und lässt sich neben mir nieder.

»Ja, das glaube ich. Mein Großvater wäre ein anderer Mensch gewesen, wenn ihm der frühe Tod seines Vaters er-spart geblieben wäre. Er wurde Bergmann. Er hat sich gera-dezu in den Schacht verkrochen und seinen Schmerz mit unter die Erde genommen. Als Kind hat es mich genervt, dass er so wortkarg war. Heute glaube ich, dass er einfach nicht darüber reden konnte.«

Ich lehne mich an Thomas und erzähle ihm, was ich von meiner Urgroßmutter weiß. »Uroma Anna war noch in der Ausbildung zur Krankenschwester und meldete sich frei-willig für ein Lazarett, um den Verwundeten zu helfen. Heute habe ich mich gefragt, wie vielen sie wohl nicht mehr helfen konnte. Allein diese Giftgasangriffe! Weißt du, dass es in Frankreich noch heute eine so genannte No-go-Area gibt, die mit Giftgas-Granaten und Minen verseucht ist? Dort werden immer wieder Überreste von Soldaten gefunden, mit Glück

nur Helme oder Uniformteile, mit weniger Glück Knochen.«
Mein Puls rast. Es ist so lange her. Aber heute Abend wird
mir bewusst, wie nah mir das alles ist.

Ich trinke einen Schluck und erzähle weiter:

»Anna war damals vielleicht 15, also nur ein paar Monate
älter als Jannik. Kannst du dir das vorstellen, Thomas? Meine
Großmutter erzählte, dass Anna nach der Geburt nicht mehr
arbeiten konnte. Sie habe unter einer Art Verfolgungswahn
gelitten und immer Menschen mit merkwürdigen Verwun-
dungen gesehen. Das war mehr als zehn Jahre nach Kriegs-
ende.«

Wir schweigen eine Weile.

»Eigentlich dürfte es gar keine Kriege geben, bei all dem
Leid, das sie über die Menschen bringen«, sagt Thomas.

»Weißt du, dass ich ›Im Westen nichts Neues‹ ziemlich
doof fand? Und dabei beschreibt es die Geschichte auch
unserer Familien!« Thomas schaut mich an.

»Ach, ich fand das schon spannend. Aber das war genau
so weit weg wie Julius Cäsar oder der Alte Fritz. Wer will
schon wissen, was vor 80 oder mehr Jahren war, wenn er die
Zukunft vor sich hat!«

Wieder ist es still im Zimmer.

»Ich glaube, der Friedenszauber wirkt schon«, sagt Thomas
und zwinkert mir zu. »So intensiv wie heute haben wir lange
nicht mehr miteinander geredet.« Zum ersten Mal seit der
Verkündung meiner Idee hat sich sein Gesicht wieder ent-
spannt. Er lächelt mich an.

Am nächsten Morgen holt Thomas nach dem Frühstück
den Adventsschmuck vom Boden. Gemeinsam mit den Kindern schmückt er die Wohnung. Ich habe Zeit für mich.
Eine neue Erfahrung. Beim Aufstellen der Schwibbögen,
Räuchermänner und des Bergmann-Nussknackers erzählt
er den Kindern von seinem Großvater. Er erklärt ihnen die

Verbindung zwischen der Finsternis im Berg und der Sehnsucht nach dem Licht.

Den Weihnachtsberg stellen wir dann gemeinsam auf: In unser Wohnzimmer zieht ein Hauch von Orient mit Tannenbäumen aus dem Dunkelwald des Erzgebirges. Jeden Tag soll ein Teil dazukommen, bis am Heiligabend mit dem Jesuskind in der Krippe alles an seinem Platz ist. Jonas streicht über das erste Schaf und platziert es mit liebevollem Blick auf der Weide.

In diesem Augenblick beschließe ich: Der Weihnachtsfriede soll bleiben. Er soll zu unserer Familie gehören, wie das Neunerlei zum Heiligen Abend. Gemeinsam werden wir es lernen.

UWE STÖß

EIN TOLLER ALTER MANN

»Jetzt geben Sie schon her!«, sage ich und zerre an der Jacke, an der blauen, die ist dicker als die braune. Die braune habe ich gleich angezogen, aber die Hegemann, die will mir nur eine Jacke geben, und ich zerre und zerre.

Ich gehe nicht gerne in die Kleiderkammer. Aber es hat die ganze letzte Nacht geschneit und es schneit noch. Der scheiß Winter kommt jedes Jahr gerade dann, wenn ich ihn nicht brauche. Hat doch gestern Nachmittag der Herbst noch so hämisch aus dem Gestrüpp gegrinst, als ich draußen im Schillerpark gesessen habe, mit Sir Henry. Sir Henry, das ist mein Spannemann, seit der sein Glasauge verwettet hat, hat der so eine Augenklappe um. Und da haben wir, ich, der alte Senf und der Pickels Matscher den Henry Sir Henry getauft, weil der Senf gesagt hat, dass der Henry aussähe, wie Sir Henry Morgan. Der sei ein Pirat gewesen, der hätte sich totgesoffen, und das würde sich unser Henry auch. Außerdem ist der Henry bis zur Wende auf der Elbe rumgeschippert, auf einem Schleppkahn, so hin und her und rüber und nüber, und wenn der eine Stunde gebechert hat und schwadroniert, dann passt plötzlich die Elbe genau zwischen New York und Lissabon, ist zwanzigtausend Kilometer tief und die Prince-Edward-Inseln tauchen kurz vor Pillnitz auf.

Wir haben also im Schillerpark gesessen. Auf einmal hat der Sir Henry in den Himmel geguckt und gesagt: »Oh,

Bertram«, hat er gesagt, »es wird Winter! Morgen schneit's.« Nach zwei Flaschen Goldbrand, das ist wie mit der Elbe, da riecht der Henry den Schnee im Juli. Da gebe ich eigentlich gar nichts drauf.

»Sie haben doch eine Jacke bekommen!«, keift die Hegemann immer wieder und lässt nicht locker. Bei uns heißt die Hegemann nur die Kleiderkammer-Präsidentin. Die große Strafkammer hat auch einen Präsidenten, hat der Sir Henry gesagt, als wir mal zu zweit hier gewesen sind. Das hier ist die große Kleiderkammer, also ist die Hegemann die Kleiderkammerpräsidentin, wegen der Frauenquote. Das ist jetzt aber gegen die Frauen, habe ich gesagt. Doch die Hegemann, die hat das nicht begriffen, deswegen, denke ich, hats zur Strafkammer, zur kleinen, geschweige denn zur großen, auch nicht gereicht. Die zieht wie eine Irre – ich am Ärmel, die am Bund. Ich gebe die braune Jacke nicht mehr her. Der Winter ist lang, und um die blaue, da kämpfe ich drum, wenn die mich hier raustragen müssen. »Wegen der einen Jacke!«, sage ich.

»Ihnen steht pro Winter nur eine Jacke zu!« Die Hegemann hat ein paar Oberarme, da träume ich davon.

»Gottverdammich«, sage ich, »hier liegen tausend Jacken! Tausend Winter liegen die schon hier! Da können sie mir doch die hier noch geben!«

»Laut Vorgabe des Sozialamtes steht ihnen aber nur eine Jacke zu!«

Die ist närrisch, denke ich. Die soll ersticken in den ganzen Jacken. Wie eine Säule steht die da, hat ihre Klauen in den Jackenbund geschlagen, der Kleider-Geier. Die ruckt sich gar nicht. Ich habe seit zwei Tagen nichts gegessen. Die hat zum Frühstück bestimmt drei Eier und ein halbes Brot gehabt.

Sir Henry hat heute Morgen gesagt: »Bertram, Klamotten besorgen!« Da sind wir losmarschiert. Jetzt steht der Henry draußen an der Glühweinbude, und ich pfeife hier drinnen aus dem letzten Loch, weil die Hegemann gefrühstückt hat und ich nicht.

Vorne in der Stadt hat heute der Weihnachtsmarkt aufgemacht, da sind wir vorhin drüber gelaufen und in der zweiten oder dritten Bude gibt's Räucherhäuser jeder Sorte: Kirchen, Fabriken, Hütten, sogar einen Leuchtturm. Rechts oben, drüber in einem Regal, da stehen die Räuchermänner, bis auf einen, der sitzt. Ein alter Mann mit Glatze, roter Nase und einem Lächeln, das ich von irgendwoher kenne, sitzt vor einem Kamin. Ich habe mich über den Tisch gebeugt und genau geguckt: »Tatsache!«, habe ich gerufen und gleich dem Sir Henry in die Seite gehauen. »Guck mal, der sieht haargenau aus wie mein Großvater!«

»Weiß ich, wie dein Großvater ausgesehen hat?«

»Na, so wie der hier!« Ich gucke noch viermal und wirklich: Der Alte ist handgeschnitzt, hat graue Hosen an, ein großkariertes Hemd, einen blauen Wollschal um den Hals, und als ich das Ding so zu mir gedreht habe, noch genauer hinzugucken, da hat der genauso hintergründig gelächelt wie mein Opa. Mein Opa war ein Meister im hintergründigen Lächeln. Damit wollte er alle Welt denken lassen, dass er mehr weiß, als er tatsächlich wusste. Sir Henry drängelt: »Komm wir müssen weiter!«

Zwölf Euro habe ich noch. Beim meinem Spannemann sieht's nicht besser aus. Der Räucherkamin mitsamt meinem Großvater kostet elf Euro siebzig. Wenn ich mir den kaufe, langt es nicht mehr für die Räucherkerzchen. Da muss mir der Sir Henry was borgen. Auch wenn er mich für verrückt erklären wird, dass ich anstatt einer guten Glühweinfahne den Räucherkamin vor mir hertragen will.

»Herr Semmering!«, fährt mich die Hegemann an. »Ich kann ihnen die Jacke nicht geben!«

Wenn ich was auf den Knochen hätte, dann gäbe es einen Ruck und ich wäre fort.

So muss ich machen, was ich nicht gerne mache beim Reden, immer leiser werden und kleiner: »Frau Hegemann, jammere ich,« »wir stapfen den ganzen Tag durch die Botanik, und wenn ich nachts irgendwo unterkriechen kann, falls ich ganz viel Glück habe, dann ist es dort schweinekalt. Ich brauche die zweite Jacke!«

Plötzlich lässt die los. Schnell rolle ich die Jacke zusammen, stecke sie in meinen Rucksack, renne zur Tür und sage: »Danke!«

Die Hegemann ist wieder zwischen ihren tausend Lumpen verschwunden, da sehe ich rechts, bevor es rausgeht, ein Regal mit Wolldecken. Ich gucke mich um. »Da klaue ich doch nichts«, denke ich, »sind doch alles Spenden! Und jedes Mal macht die Präsidentin hier so einen Aufriss.« Zwei Decken klemme ich unterm Arm, eine für Sir Henry, eine für mich. Das ist dasselbe wie mit der Fresserei, die ich und der Sir Henry nachts aus den Containern holen, bei NORMA, NETTO und Lidl. Da ist gar nichts dran, von wegen Verfallsdatum, wenn ich überlege, was wir sonst alles fressen. Die Sachen sind original verpackt. Seit ein paar Wochen ist ein Sicherheitsdienst unterwegs. Die legen sich nachts auf die Lauer, und wenn sich jemand an den Tonnen zu schaffen macht, springen die aus dem Gebüsch und zack, haben die uns einmal erwischt und gedroht, dass das Diebstahl sei und Hausfriedensbruch, alles Straftatbestände. Straftatbestände am Arsch, hat der Sir Henry krakeelt, und ich habe hinterm Henry meinen Mittelfinger gezeigt, und wenn du mich anfasst, hat der Henry den langen Sicherheitsfuzzy gewarnt, dann haue ich dir deinen Kittel in Brand. Sir Henry, der ist fast zwei Meter lang und genauso breit, der hat richtig geglüht vor dem schwarzen Gebüsch, und dann sind wir verschwunden, ums Denkmal von der alten Luxemburg rum, durch ein Loch im Zaun. Wir kampieren draußen vor der PLAMAG in so einer alten Schlosserbude, und das Gute am Winter ist, es wird nichts schlecht, die ganze Stadt ist ein einziger Kühlschrank.

Sir Henry steht an der Glühweinbude, als ich bepackt wie ein Esel aus der Kleiderkammer komme. Es wird schon duster. Ich gebe ihm eine Decke und er grient. Die sind richtig flauschig die Decken und dunkel, da sieht man den Dreck nicht gleich so.

»Komm, Bertram, wir gucken mal auf den Weihnachtsmarkt und dann ins Obdachlosenheim, dort ist heute Weihnachtsfeier!«

»Ich hab noch Zwölf Euro!«, sage ich und komme kaum nach. Der Sir Henry macht immer so große Schritte. »Ich habe noch zehn«, sagt er.

»Ich kaufe mir den Räucherkamin mit meinem Großvater drauf!«, sage ich sehr laut. Ich will gleich Nägel mit Köpfen machen, und wenn mich der Henry für blöd erklärt, dann soll er erklären, ist mir egal, schließlich ist Weihnachten und mein Großvater ein toller alter Mann gewesen. Punkt.

»Bist du blöd?«, fragt er, und wir bleiben an der Johanniskirche stehen. Der Wind raspelt unterm Kinn. Der Sir Henry guckt mich an, und ich gucke hinunter in die Stadt. Der Weihnachtsmarkt liegt eingebettet rot und ein bisschen orange zwischen Rathaus und Stadtmauer. Wenn ich blinzle, rollt das Licht in kleinen Kugeln über die Straße, zerspringt an einer Hauswand und verlischt, aber dahinter sehe ich schon neues. Das Kettenkarussell und die Weihnachtstanne, die überragen alles. Hinten ist eine winzige Bühne, da singt ein Kinderchor ganz hell zu uns herauf, dass die eine stille Nacht heilig ist und der Tannenbaum immer grüne Blätter hat. Mir ist, als stünde ich schon eine Million Jahre hier und der Winter geht nie zu Ende, hier neben der Johanniskirche, während die Kinderstimmen etwas zu mir hochtragen, dass mich kurz nachdenken lässt. Ich höre meinen Großvater, wie er sagt: »Bertl, mach dir den Rotz von der Nase, sonst gibt's keine Zuckerwatte!«

»Es ist mein Geld!«, sage ich mehr zu mir und steige hinab. Vom Sir Henry kommt kein Mucks. Nicht viel Betrieb zwischen den Buden und Ständen. Wir kommen schnell voran. Das Wetter schreckt die meisten Besucher. Ich meine, der Weihnachtsmarkt muss schneeweiß sein, der Abend stockdunkel, und drüber sollen die Lichter schleichen, jedes in seine Nische, da gucke ich in die noch so kleinste hinein und will nicht zweifeln. Das mache ich jedes Jahr nicht.

Sir Henry stoppt am Glühwein-Stand. Ich gehe schnurstracks auf die Bude mit meinem Opa vorm Kamin zu und sage: »Ich möchte den Kamin mit meinem Großvater!« Die Verkäuferin lacht bis zum Knoten von ihrem schwarzen Kopftuch. Ich glaube, dass die ganzen Weihnachtsfunzeln unsere Klamotten sauberflackern – an einem Weihnachtsmarktabend, da sehen der Sir Henry und ich aus wie die anderen. Die Verkäuferin wickelt den Großvater in seidenes Papier. Ich gebe ihr das Geld, von dem ich mich einen Abend schön besoffen hätte, und ich kann nicht einmal sagen, warum mir das jetzt gerade nicht wichtig ist. Als ich an dem Tisch bei Sir Henry ankomme, das Päckchen drauflege, schaut der mich an und sagt: »Für das Ding wärst du einen ganzen Abend schön besoffen!« Er hat mir einen Becher Glühwein hingestellt. Zimt dampft mir in die Nase, der Schnee fällt schwer und nass auf mein Päckchen, der Kamin und der Großvater scheinen durchs Papier.

»Steck es unter die Jacke, wird doch ganz nass!«, sagt Sir Henry.

Ich habe ja noch die braune Jacke an, merke ich jetzt. Die ziehe ich aus und stecke mir die blaue über, die schöne dicke, um die ich gekämpft habe. Die und der Glühwein, da brauche ich keine Wohnung. Dem Großvater sein Kopf steht etwas vor, ich muss den Bauch einziehen, will ihn unter die Jacke schieben, und ich drücke vorsichtig und ziehe, und der Henry sagt: »Wirst du's denn schaffen!«

Im Futter der Jacke da raschelt etwas. Ich nehme den Großvater wieder raus, lege ihn auf den Tisch, stecke meine Hände in die Taschen, weil es dort geraschelt hat. Die rechte hat ein Loch. Ich greife tiefer, bin schon im Futter unten am Saum, da raschelt es wieder. Plötzlich habe ich etwas in der Hand. Ich gucke aufs Päckchen, das einen Riss bekommen hat, der Großvater guckt raus und lächelt, als wüsste er was – so eine Ähnlichkeit aber auch. Sir Henry schüttelt seit fünf Minuten seinen großen Kopf, und ich nehme die Hand aus der Tasche, zu gucken, was da so geraschelt hat und halte einen Fünfzig Euro Schein zwischen meinen Fingern.

Später sitzen wir im Obdachlosenheim. Meinem Groß-vater sein Kamin raucht und der Sir und ich gucken zu.

DIETRICH MENDT

DAS ANDERE WEIHNACHTEN

Hans hat sich sehr verändert. Er ist freundlicher geworden, zuvorkommender, nachsichtiger und überhaupt ein wenig bescheidener. Er schnappte früher sehr gern sehr schnell ein, nahm »übel«! Aber jetzt tritt er nicht mehr so großspurig auf, er weiß nicht mehr auf alle Fragen eine Antwort, infolgedessen fragt man ihn neuerdings gern einmal. Und er kann sogar jemanden um Hilfe bitten! Früher hielt er das für eine Schwäche. Ja, er hat sich sehr verändert. Und inzwischen weiß ich auch, warum. Ich will es euch erzählen. Es ist eine Weihnachtsgeschichte, eine andere als die, die wir gewohnt sind, aber vielleicht gerade darum eine der weihnachtlichen Wahrheit näherkommende Geschichte als alles, was mit Stall und Esel und Ochsen und dem rücksichtslosen Wirt in Bethlehem zu tun hat und überhaupt mit er Zeit vor zweitausend Jahren.

Ich traf Hans mit dem Kinderwagen. Darin lag sein Junge, zwei Jahre alt. Mit einem Mann der einen Kinderwagen schiebt, kann man besser reden als mit einem Kollegen. Wir arbeiten in der gleichen Werkhalle als Ingenieure, genauer: Ich arbeite in seiner Abteilung, er ist mein Chef. In der Vergangenheit hatten wir alle Angst vor ihm, jetzt, seit er sich so verändert hat, nicht mehr. Das sagte ich ihm. Ich sagte: »Hans, weißt du eigentlich, dass du dich sehr verändert hast? Wir sind froh darüber. Und wir fragen uns manchmal, woher das wohl kommt.« Da antwortete er, ernst und ganz sachlich, als ob er Auskunft gäbe auf eine Frage nach der nächsten Haltestelle der Straßenbahn oder nach einer bestimmten Hausnummer:

»Ich habe Gott gesehen!«

»Was«, sagte ich, »was hast du gesehen?«

»Gott!« Mir war, das muss ich zugeben, ziemlich unbehaglich zumute.

»Gott? Wo denn? Wo sieht man denn heutzutage Gott?«

Er zeigte auf den Kinderwagen. »Hier!«, sagte er. Und dann erzählte er mir seine Geschichte.

Hans war das, was man einen »modernen Menschen« nennt. Oder vielmehr: Er wollte es gern sein! Und so tat er alles so und lebte überhaupt so, wie er sich einen sogenannten modernen Menschen vorstellte. Zu einem modernen Menschen gehört natürlich, dass er nicht an Gott glaubt, dass er sich manchmal lustig macht über Leute, die »noch« (moderne Menschen sagen an dieser Stelle stets »noch«) an Gott glauben – wie seine Frau zum Beispiel. Sie hatte es aufgegeben, mit ihm darüber zu reden, nachdem er ihr eines Tages folgenden Vortrag gehalten hatte: »Weißt du, an Gott könnte ich nur glauben, wenn ich ihn sehe! Und dann müsste es ein Gott sein, der alles kann, der über eine überragende Intelligenz verfügt, der immer genau weiß, was zu tun und was zu lassen, was gut und was böse ist – und der auch die Macht hat, das Gute und Richtige durchzusetzen. Zeige mir einen solchen Gott, und ich glaube an ihn. Aber wenn du ihn mir nicht zeigen kannst, dann lass mich in Ruhe.« Seine Frau ließ ihn in Ruhe.

Eines Tages bekamen sie ihr erstes, ersehntes Kind. Er war dabei, sah zu, wie sich seine Frau plagte. Sie plagte sich mehr als andere, es war ein Achtmonatskind, sie wussten nur beide noch nicht, warum. Wie wussten nicht, dass dieses Kind eher kam, weil es einen Hirnschaden hatte. Deshalb verursachte es seiner Mutter besondere Schmerzen bei der Geburt, man musste es operativ herausholen. Deshalb wich die Freude über das erwünschte Kind bald einem bitteren Leid, um nicht zu sagen einer großen Enttäuschung.

»Es wird, wie es aussieht, keine schwere Behinderung sein«; sagte der Arzt, der die Geburt geleitet hatte, »aber es wird wohl keine Schule besuchen können und vielleicht auch Beine und Arme nicht normal bewegen.«

Als er so weit war mit Erzählen, fiel mir erst auf, dass man eigentlich ein Kind von zwei Jahren nicht mehr im Kinderwagen spazieren fährt – und außerdem fiel mir auf, dass wir alle als seine Kollegen von der Behinderung dieses Kindes bisher nichts gewusst hatten, und das bedrückte mich unwillkürlich, ich fühlte mich auf einmal schuldig Hans gegenüber, den ich immer nur für schuldig anderen gegenüber gehalten hatte. Hans machte es mehr zu schaffen als seiner Frau. Ehe er weiter erzählte, sagt er:

»Das ist wohl immer so bei den Vätern! Männer wollen immer stark sein, das ist ihre Schwäche.« Er betrachtete es als seine persönliche Niederlage und fragte zunächst in seiner Verwandtschaft nach, ob »so etwas schon einmal vorgekommen« sei. Er wollte den Nachweis bringen können: »An mir liegt es nicht! Es muss aus der Linie meiner Frau kommen!« Er teilte diese Erkenntnis auch seiner Frau mit und hatte dabei noch ganz und gar seinen alten überheblichen Ton. Seine Frau schwieg. In ihrem Herzen rechnete sie damit, dass ihr Mann sie wegen dieses Jungen verlassen würde, wie es viele Männer tun. Sie wusste davon.

Das Kind war sechs Wochen alt. Seine Frau stillte gerade, als er vom Betrieb nach Hause kam. Ein mühsames Geschäft, denn der kleine Sohn hatte nicht die gleiche Kraft wie ein gesundes Kind. Er schlief ständig ein von der Anstrengung und musste geweckt und neu angelegt werden. Man musste ihm sozusagen dauernd gut zureden. Hans verließ in der Regel das Zimmer. Er konnte den Anblick noch immer schwer ertragen. Diesmal blieb er. Eigentlich wusste er nicht, warum – später sagte er: »Gott hat mich festgehalten!« Als er sich neben seine Frau stellte, machte der Junge die Augen auf und streckte seine Arme aus nach dem Vater, vielleicht nicht einmal bewusst, aber es sah so aus. Da nahm ihn Hans, zum ersten Mal, obwohl man das Stillen eigentlich nicht unterbrechen soll, das wusste er aus Büchern – die ersten Kinder erzieht man bekanntlich noch ganz und gar aus Büchern. Er hielt ihn lange fest und schaute ihn genau an.

An diesem Abend redete er wenig. Er dachte nach. Dann sagte er zu seiner Frau: »Das erinnert mich an ein Bild, wie ich euch vorhin so sitzen sah. Welches Bild mag das gewesen sein?« Als er schon im Bett lag, fiel es ihm ein, und er stand nochmals auf. Er kramte in seiner großen Mappe, in der er Bilder aus Kalendern und Kunstdrucke aufhob – und brachte seiner Frau das Bild der heiligen Familie von Coreggio. Das Original ist im Besitz der Dresdner Gemäldegalerie. »Das ist es!«, sagte er, weiter nichts.

Erst nach ein paar Tagen konnte er seine Gedanken ordnen. Das musste er immer: seine Gedanken ordnen. Erst dann konnte er auch danach leben, konnte er sie in sein Leben umsetzen.

»Das ist Gott«, sagte er. »Ein Kind! Jetzt habe ich ihn gesehen. Kein Mächtiger, nein, ein Schwacher. Er hat mich verändert. Er braucht mich. Gott braucht mich! Daran habe ich nie gedacht! Ein Gott, der mich brauchen kann! Nicht einer, den ich brauche, sondern einer der mich braucht. Ich werde gebraucht. Unser Junge braucht mich. Ich will ihm ein guter Vater werden.« Und er wurde es.

Versteht ihr jetzt, dass meine Geschichte eine Weihnachtsgeschichte ist?

PETRA FRANKE

EIN UNVERHOFFTER GAST

In diesem Jahr würde sie Weihnachten in aller Ruhe verbringen.

Das hatte sie sich fest vorgenommen.

Der Kühlschrank war gefüllt mit ihren Lieblingsspeisen und -getränken. Die kleine Wohnung war geputzt, der Weihnachtsstern am Balkon angebracht und in der Stube leuchtete still eine Kerze vor den Figuren der Krippe, die sie schon seit Kindheitstagen durch jeden Advent begleitet hatte.

Sie war gut vorbereitet für ein paar Tage, die nur ihr allein gehören sollten. Niemand und nichts würde sie stören. Es würde richtig gemütlich werden.

Als sie am Morgen des 24. Dezember erwachte, fiel trübes Licht in ihr Schlafzimmer. Die Nachbarn wirtschafteten laut herum, zwei oder drei Hunde bellten. Es herrschte reges Treiben. Von Weiterschlafen konnte bei diesem Lärm keine Rede sein. Unruhig warf sie sich auf ihrem Bett hin und her.

Dann stand sie endlich auf und setzte sich mit einer Tasse Kaffee ans Wohnzimmerfenster. Auf dem Fensterbrett schlief Momo. »Wenn es je einen Preis für die Kunst des Ausruhens gibt, dann gewinnt eine Katze«, dachte sie wie jedes Mal, wenn sie sah, wie der Kater vollkommen zu entspannen wusste, ungeachtet aller Umstände.

Draußen vor dem Balkon liefen die Nachbarskinder aufgeregt um das Familienauto herum. Auf dessen Dach lag fest verschnürt ein riesiger Weihnachtsbaum. Der Vater konnte nur mit Mühe das Prachtstück herunterhieven. Die Kinder jubelten. Der Vater sah lächelnd nach oben. Dort sah wohl seine Frau aus dem Fenster.

Die Kinder winkten hinauf und lachten fröhlich. Ihr wurde das Herz schwer. Auch sie hatte früher in ähnlicher Weise das Fest vorbereitet. Mit einer Familie. Mit ihrem Mann und ihren beiden Söhnen. Jedes Jahr waren sie eigens in den Wald zum Förster gefahren, um einen besonderen Baum auszusuchen, zu schlagen und voller Stolz nach Hause zu tragen. Auch sie hatte bei der feierlichen Ankunft an der Balkonbrüstung gestanden und mit einer deftigen »Männermahlzeit« aufgewartet. Die Jungs hatten das geliebt, nach der ungewohnten Anstrengung.

Das lag lange zurück. Mit ihrem Mann verbanden sie fünfzehn wunderbare Ehejahre, bevor er ihr offenbarte, dass er sich in eine andere Frau verliebt hatte. Als Universitätsprofessor war er umgeben und umschwärmt von jungen Menschen, die zu ihm aufsahen. Er verliebte sich in ein Mädchen, sehr jung, sehr schlank und sehr blond. Die Söhne waren damals 13 und zehn Jahre alt.

Nach einigem Hin und Her kam er zu dem Schluss, dass er nur einmal lebe und ein Recht darauf habe, dieses Leben bestmöglich zu genießen. Auch seien sie schließlich erwachsene Leute und könnten das vernünftig regeln. Sie war anderer Ansicht, aber das spielte keine Rolle mehr.

Seit diesem Tag lebte sie mit ihren beiden Jungs allein.

Sie hatte sich nie völlig von diesem Schock erholt, so sehr sie sich auch darum bemühte. Sie fühlte sich wie jemand, der allein in einem Boot auf hoher See trieb, ohne Land in Sicht, ohne Hoffnung auf Bergung.

Aber sie verstand es, sich zu arrangieren. Sie suchte sich einen Teilzeitjob und gab ihren Söhnen, so gut sie konnte, ein wenig Nestwärme. Das war nicht leicht. Die Jungs kamen in die Pubertät und brauchten ihren Vater mehr denn je. Dieser hatte inzwischen eine neue Familie und so blieben die Treffen mit seinen »ersten« Kindern Episoden. Irgendwann verloren die Söhne schließlich die Lust an Besuchen.

In diesem Jahr verbrachten sie das Fest seit langer Zeit wieder einmal bei ihm. Die Familien waren darin überein gekommen und sie selbst war fest davon überzeugt gewesen, die Ruhe zu brauchen und zu genießen.

Aber nun stahl sich die friedliche Stille klammheimlich davon.

Während sie die Familie beobachtete, fiel ihr vieles aus ihrem eigenen Leben ein. Sie musste sich eingestehen, dass es nicht so gelaufen war, wie sie es sich als junge Frau erträumt hatte. Ihr Studium konnte sie nicht beenden, weil ihr erster Sohn geboren wurde und bald danach der zweite. Ihren geliebten Mann, mit dem sie alt werden wollte, vermochte sie nicht zu halten. Ihr Freundeskreis war überschaubar. Nun, da auch noch ihre Eltern gestorben waren, gab es niemanden mehr, auf dessen Beistand sie sich verlassen konnte.

Um ehrlich zu sein: ihr Leben war gehörig daneben gegangen. Sie war ein einsamer Mensch geworden.

Sie raffte sich zu einem kleinen Spaziergang auf. Die Luft war feucht und kalt, die Bäume kahl, nirgends lag Schnee. Wenigstens passte die graue Betrübnis zu ihrer Laune.

Aber sie riss sich zusammen, wie sie es immer getan hatte.

Nachdem sie den kleinen Stadtsee umrundet und die Enten gefüttert hatte, machte sie sich auf den Heimweg. Zu Hause angekommen trank sie ein Glas Wasser, legte sich in ihr Bett und blieb dort liegen, bis es dämmerte.

Heiligabend! Sie fühlte sich plötzlich sehr elend. Sie schleppte sich in die Küche, aber ihr fehlte der Appetit. So ging sie

zurück in die Stube und zündete einige Kerzen an. Es gab bei ihr zum ersten Mal keinen Weihnachtsbaum. Für mich allein lohnt sich das doch nicht und ihre Söhne werden erst nach Silvester vorbeischauen, hatte sie gedacht.

Sie setzte sich ans Fenster und betrachtete ihr Spiegelbild in der Scheibe, hinter der abendliche Dunkelheit lag. Alt war sie geworden. Das war nicht nur äußerlich sichtbar, das spürte sie vor allem auch innerlich.

Es begann zu schneien. Dicke schwere Flocken wehten vom Himmel.

Plötzlich schien es ihr, als würde jemand ans Fenster klopfen.

Ihre Wohnung lag im Erdgeschoss. Es wäre kein Problem, von draußen auf den Balkon zu gelangen. Doch sie sah niemanden.

Es klopfte wieder. Sie blickte angespannt hinaus. Aber da war nichts als Dunkelheit und wirbelnde Schneeflocken. Sie lauschte, doch es blieb still.

Nach einigen Augenblicken stand sie auf und öffnete die Balkontür. Auf dem Balkon war niemand. Sie trat einen Schritt hinaus. Schneeflocken fielen weich und kühl auf ihre Wangen. Sie fühlte sie wie ein Streicheln. Aber auch vor dem Balkon war niemand. Etwas entfernt ging ein eng umschlungenes Paar die Straße entlang. Sonst sah sie keinen Menschen.

Und doch war etwas geschehen.

Sie kehrte in ihre warme Wohnung zurück. Nun bekam sie doch Hunger. In der Küche nahm sie sich Zeit, eine warme Mahlzeit zu kochen. Dazu trank sie ein Glas Wein. »Kochwein«, wie sie es nannte und liebte. Langsam verbreiteten sich appetitliche Gerüche. Sie war jetzt sehr vertieft in ihre Arbeit und begann, sich auf das Essen zu freuen.

Sie genoss das Essen, jeden Bissen. Danach streckte sie sich auf dem Sofa aus. Momo rollte sich auf ihrem Schoß zusammen und spendete Wärme. Sein Schnurren beruhigte. Sie streichelte ihn sanft und lächelte.

Sie blickte zur Krippe hinüber. Jesus, Maria und Josef, Hirten, Schafe, die drei Weisen und der Verkündigungsengel standen still im Kerzenlicht, wie schon ihr Leben lang, Jahr für Jahr. Sie kannte jede einzelne Figur genau. Einem Hirten war die Nase abgebrochen und das Jesuskind lag abgegriffen in seiner Krippe. Als kleines Mädchen hatte sie es oft in die Hand genommen.

Ihre Mutter hatte ihr gesagt, dass von diesem Kind Heilung und Frieden für jeden Menschen ausginge. Sie glaubte ihrer Mutter aufs Wort. Als Kind kannte sie keine Zweifel. Mit Jesus waren alle Probleme und Sorgen zu bewältigen. Warum denn auch nicht! Jesus konnte einfach alles bewerkstelligen.

Heute war sie nicht mehr so vertrauensselig. Dazu war in ihrem Leben einfach zu viel schief gelaufen.

Obwohl: es gab auch schöne Erinnerungen.

Sie dachte daran, wie sie ihren Mann kennengelernt hatte. Damals an der Uni. Sie waren so jung und frei gewesen. Am Anfang fiel er ihr überhaupt nicht auf, doch später brannte ein Feuer zwischen ihnen, das sie quer durch den Hörsaal spüren konnte. Wie die Leute sich aufgeregt hatten, wenn sie eng umschlungen auf der Wiese im Park herumtollten. Sie hatten darüber nur gelacht. Die Welt hatte ihnen gehört.

Die Zeit mit den kleinen Kindern war nicht so einfach gewesen. Trotzdem wollte sie sie nicht missen. Was gab es Schöneres auf der Welt als Kinderlachen. Und ihre beiden Söhnen lachten oft, auch heute noch.

Es war ihr leicht gefallen, damals, ihr Studium für dieses Glück aufzugeben. Dass sie dann später nur noch Hilfsjobs bekam, stand auf einem anderen Blatt.

Ihren beiden Söhnen ging es heute gut. Sehr gut sogar. Sie hatten Arbeit und es bahnte sich bei beiden eine feste

Beziehung an. Sie würde sicher in naher Zukunft Oma werden. Zum Glück war sie noch fit und gesund genug dafür.

Das Telefon klingelte. Ihre Söhne erkundigten sich nach ihrem Befinden. Das war nett. Sie freute ich sehr darüber und sagte ihnen, dass es ihr gut ginge und sie die Einsamkeit genießen würde. Und sie spürte: Das ist die Wahrheit. Sie umfing eine Gewissheit. Sie war nicht verlassen, sondern geborgen. Sie konnte nicht einmal sagen, woher ihr das plötzlich kam. Aber sie fühlte sich nicht mehr allein.

Sie ging früh zu Bett und blieb am Morgen des Christfestes lange liegen. Draußen war es inzwischen weiß geworden. Auf den Straßen und Häusern lag eine dicke Schneeschicht. Das war wie ein Geschenk für sie. Alles sah jetzt so friedlich aus und rein.

Sie stand auf, zog sich an und frühstückte eine Kleinigkeit. Dann machte sie sich auf den Weg. Sie wollte heute einen Gottesdienst besuchen und zuvor noch einen Spaziergang im Schnee machen.

Am See fütterte sie wie gewöhnlich die Enten. Irgendwann würde sie mit ihren Enkeln hierher kommen. Sie hörte schon jetzt deren Jubel über die auffliegenden Vogelschwärme, die zutraulich und daran gewöhnt waren, von Hand gefüttert zu werden. Die Sonne schien. Der Schnee glitzerte.

Sie ging in die nächstgelegene Kirche. Sie gehörte zu denen, die nur Weihnachten und Ostern in die Kirche gingen. An diesem Morgen war die Kirche nur von wenigen Gläubigen besucht. Die meisten waren am Heiligen Abend zum Gottesdienst gegangen.

Ihr wurde warm ums Herz, von den Liedern, von den Lichtern und von den Worten. Es gab doch einen Gott. Einen Gott, der sie sah und der sie nie allein lassen würde.

Den Rest des Tages verbrachte sie in aller Stille. Dabei fühlte sie sich glücklich und wohl. Sie kochte, sie las, sie schaute Filme, sie ging spazieren, beendete eine Handarbeit, die lange liegen geblieben war, und sie ruhte ich aus.

In der Nacht träumte sie.

Am nächsten Morgen war sie gewiss, dass Gott ihr einen Engel gesandt hatte.

Den Engel der Dankbarkeit.

MARKUS WALTHER

DER ASTRONAUT IM HIMMEL

Die Christbaumkugeln hingen wie kleine rote Planeten zwischen den Tannenzweigen. Das Licht der Kerzen spiegelte sich darin und erinnerte mich an das Funkeln der Sterne. Kleine Sonnen am weit entfernten Firmament. Das Knistern des Kamins und die weihnachtliche Musik taten ein Übriges, um mich in diese gewisse sentimentale Stimmung zu versetzen. Eine angenehme Schwere drückte mich in den Sessel. »Hier und jetzt«, sagte ich innerlich zu mir. »Du bist im Hier und Jetzt.«

Meine Reise war schon seit ein paar Wochen zu Ende. Doch nach drei Jahren unterwegs fiel es mir immer noch nicht leicht, mich wieder einzugewöhnen. Alles kam mir so unwirklich vor. Die Rückkehr hatte die Dinge um mich herum zu sehr beschleunigt. Man hatte mich aus einer Welt der Zeitlupe entrissen und mit Zeitraffer über die Erde getrieben. Nachuntersuchungen. Pressetermine. Auswertungen. Die Eindrücke, die davon blieben, waren flüchtig und substanzlos. In der Hektik hatte ich mich irgendwann selbst verloren. Manchmal hatte ich mich, trotz der Einsamkeit, zurückgesehnt in die ewige Stille dort oben.

»Papa ... Hast du Außerirdischesche gesehen?« Tom kletterte auf meinen Schoß. Ein aufgeweckter Fratz. Mit seinen fünf Jahren hatte er wohl am schnellsten von uns seine Gedanken wieder auf »normal« geschaltet. Eigentlich müsste ich für ihn ein Fremder sein. Ich war es nicht. Er kuschelte sich fest an mich, zupfte dabei aber energisch an meinem Ärmel. »Sag schon: Hast du Außerirdischesche gesehen?«

Pia, meine Frau, kam auch zu uns. Sie drückte mir ein Glas mit einem guten Roten in die Hand. Dann zog sie einen weiteren Sessel heran. Sie setzte sich mir gegenüber – mit einigem Abstand, wie ich bedauernd feststellte. Sie brauchte definitiv mehr Zeit als Tom.

Vielleicht war ich irgendwie zu einem Alien geworden.

Ich fragte: »Außerirdische?«

»Ja«, rief Tom begeistert, »Außerirdischesche.«

»Ich muss dich leider enttäuschen«, sagte ich. Dabei strich ich sachte über seine Wange. Ich wollte ihn fühlen, berühren. Wie groß er doch schon war. »Auf meiner Reise sind mir keine extraterrestrischen Lebensformen begegnet.«

»Extraterwas?« Der Zungenbrecher wollte meinem Sohn nicht über die Lippen kommen.

»Außerirdischesche«, half ich ihm aus.

Tom wirkte nicht allzu niedergeschlagen. Offenbar hatte er noch andere Fragen auf dem Herzen. »Hast du wilde Raumschlachten gekämpft?«

Ich schüttelte den Kopf. »So eine Raumkapsel hat keine Waffen. Sie ist auch nicht besonders wendig. Im Großen und Ganzen fliegt sie nur gerade aus.« Das Abenteuer meines Lebens reduzierte sich gerade gewaltig. Irgendwie.

Jedoch hatte mein Sohn den heimgekehrten Helden noch nicht ganz abgeschrieben. »Hast du ein Lichtschwert?«

»Wozu brauche ich ein Lichtschwert?« Die Vorstellung ließ mich schmunzeln: ich und meine Kollegen mit Säbeln aus Laser herumfuchtelnd. »In der Schwerelosigkeit wären solche Waffen ziemlich unpraktisch.«

Das quittierte mein Sohn mit einem verständigen Nicken. Das darauf folgende Schweigen war allerdings sehr grüblerisch. Ich nutzte die Gelegenheit und nippte an meinem Wein. Außerdem schaute ich meine Frau an. Wie sie da saß in ihrem guten Kleid, die Beine übereinandergeschlagen. Ihre Augen waren unergründlich. Was dahinter lag, war verschlossen. Einst konnte ich ihr bis ins Herz sehen. Doch seit meinem Entschluss die Familie zu verlassen und zum Mars zu fliegen, hatte sich etwas geändert.

»Eine nie wiederkehrende Chance, nicht wahr? Ich verstehe dich«, war alles, was sie damals dazu gesagt hatte. Heute wusste ich, dass das eine Lüge gewesen war.

»Wie fühlen sich Wolken an?« Tom schob sich wieder ins Zentrum meiner Aufmerksamkeit.

»Wolken?«

»Ja, Papa. Beim Raketenstart bist du doch durch Wolken geflogen.« In seiner Stimme lag nun etwas ... Unbeschreibliches. Ich schaute ihn an. Sah durch seine Augen in sein Herz. »Hier und jetzt«, dachte ich. Der Junge brauchte keine wissenschaftliche Abhandlung. Er brauchte mich.

»Nun.« Ich zog das Wort genüsslich. »Es wäre ein Lüge, wenn ich dir sagen würde, dass ich das Fenster heruntergekurbelt hätte.« Ich machte eine Pause. Meine Frau beugte sich vor – ein paar Zentimeter näher in meine Richtung. »Aber Wolken sind weich. Weicher als Watte. Vielleicht sind sie etwas nasser und kälter. Aber sie sind weich. Flauschiger als das flauschigste Kissen, das du dir vorstellen kannst. Die Wolken umschlossen unsere Rakete wie sich beim Baden der Schaum um deine Hände legt. Sie begleiteten uns ein Stück, ein winziges kleines Stück, stoben auseinander und spukten uns ins All.« Um ein Haar wäre mir auch noch etwas über den Geschmack von Wolken über die Lippen gekommen. Ich bremste mich rechtzeitig.

»Wow.«

Das hatte nicht Tom gesagt. Ich auch nicht.

Pia stand auf, ging um ihren Sessel herum und schob ihn dann neben meinen. Ganz dicht. »Dann hat sich die Reise in den Himmel ja gelohnt«, flüsterte sie.

»Himmel?« Ich tastete nach ihrer Hand, fand sie, ergriff sie.

»Ich war nur im All. Der Himmel ist hier.«

Und jetzt.

WEIHNACHTSSEGEN

Gewachsen im vergangenen Jahr
geadelt durch Leid und Freude
werde aufgenommen in die Gemeinschaft
mit Maria und dem Kind,
so dass ihr Lächeln dir Zuversicht und Trost schenke

So bewahre in deinem Herzen
die kostbaren Erinnerungen des Lebens
dass sie dich erfüllen,
wenn das Kreuz dir schwer auf die Schultern drückt
und das Licht der Hoffnung zu verlöschen droht

Und jede Gabe, die Gott dir verliehen hat,
wachse in dir mit dir
Tag um Tag, Jahr um Jahr,
um dich und die Menschen,
die dir begegnen, froh zu machen,

Und der menschgewordene Gottessohn
sei um dich
und bewahre dich
heute und morgen und
immer.

Nach einem irischen Segenswunsch

AUTOREN

Corinna Antelmann, geboren 1969, Studium für Medien und Visuelle Kommunikation, Literatur, Dozentin für Storytelling, Universität Hildesheim, FH Salzburg, lebt in Linz

Reinhard Bäcker, 1939–2003, bekannter Lieddichter, zahlreiche Veröffentlichungen gemeinsam mit Detlef Jöker

Doris Bewernitz, geboren 1960, Pädagogin, arbeitete unter anderem als Krankenschwester, Gerichtsprotokollantin, Lehrerin, Dozentin der Erwachsenenbildung, zwei erwachsene Söhne

Elke Bräunling, geboren 1959, Studium der Politik, Geschichte, Geografie und Rechtswissenschaften, schreibt Geschichten, Gedichte und Lieder für Kinder und Erwachsene

Maria Branowitzer-Rodler, 1900–1987, Autorin, Linz

Petra Franke, aufgewachsen in Magdeburg, in der DDR Hochleistungssportlerin, Theologin, Journalistin und Trauerrednerin, Mutter von acht Kindern

Kerstin Hensel, geboren 1961 in Karl-Marx-Stadt, Krankenschwester, Studium am Institut für Literatur Leipzig, seit 2001 Professur an der Hochschule für Schauspielkunst »Ernst Busch Berlin«

Selma Lagerlöf, 1848–1950, eine der bekanntesten schwedischen Schriftstellerinnen, erhielt 1909 als erste Frau den Nobelpreis für Literatur

Andreas Malessa, geboren 1955, Theologe, Hörfunk- und Fernsehjournalist

Dietrich Mendt, 1926–2006, Theologe, Autor zahlreicher Lieder und Kurzgeschichten

Titus Müller, geboren 1977, studierte Literatur, Geschichtswissenschaften und Publizistik, Autor zahlreicher historischer Romane

Christa Spilling-Nöker, geboren 1950, Theologin, Religionslehrerin und Autorin vieler erfolgreicher Bücher

Petra Steps, geboren 1959, Autorin, Herausgeberin, Journalistin

Uwe Stöß, geboren 1963, Agrotechniker, nach Vorstrafen, Bewährungsstrafen, Haft und Entzug heute erfolgreicher Autor, lebt in Leipzig

Bettine Reichelt, geboren 1967, Pfarrerin und Autorin

Karl Heinrich Waggerl, 1897–1973, österreichischer Schriftsteller, zählt zu den meistgelesenen deutschsprachigen Autoren des 20. Jahrhunderts

Markus Walther, geboren 1972, ausgebildeter Werbetechniker, seit 1998 als Kalligraph selbstständig

Eva Zeller, geboren 1923, deutsche Schriftstellerin

RECHTENACHWEIS

Elke Bräunling, »Eine schöne Bescherung«, © bei der Autorin (www.elkes-kindergeschichten.de), lizensiert durch Stephen Janetzko (www.kinder-liederhits.de).

Karl Heinrich Waggerl, »Der Tanz des Räubers Horrificus.« aus: Ders., Und es begab sich ... 51. Auflage. © Otto Müller Verlag, Salzburg 2004.

Bettine Reichelt, »Der Kanarienvogel auf dem Weihnachtsberg«, »Weihnachtswunsch«, © bei der Autorin.

Eva Zeller, »Die Hebamme des Herrn«
aus: Martin Schmeißen (Hg.): Für Advent und Weihnachten. © Jünger Medien Verlag + Burckhardthaus/Laetare GmbH.

Titus Müller, »So weit wie die Sterne«, aus: Ders., Der den Sturm stillt, Begegnungen mit Jesus. Erzählungen, © Gerth Medien 2015.

Petra Steps, »Weihnachtsfrieden«, © bei der Autorin.

Uwe Stöß, »Ein toller alter Mann«, © beim Autor.

Dietrich Mendt, »Das andere Weihnachten«, aus: Ders., Von der Erfindung der Weihnachtsfreude, © Christian Mendt

Petra Franke, »Ein unverhoffter Gast«, © bei der Autorin.

Markus Walther, »Der Astronaut im Himmel«, © beim Autor.

Dietrich Mendt

**Von der Erfindung
der Weihnachtsfreude**

144 Seiten | Hardcover
ISBN 978-3-374-03110-8
EUR 10,80 [D]

Die alte Geschichte, immer wieder neu erzählt – das macht Weihnachten aus. Tief empfundene Freude und Hoffnung auf Gott knüpfen sich an Weihnachten, aber auch die schlichte Sehnsucht nach der Kindheit, nach Kerzenschein und Schabernack. Um dem Ausdruck zu verleihen, bedarf es einer der größten Gottesgaben: des Humors. Und der muss nicht immer besonders vornehm sein. Lautes Lachen ist auch erlaubt. Meister darin ist bekanntermaßen Dietrich Mendt (1926–2006). Seine beliebtesten Weihnachtserzählungen legt der attraktiv illustrierte Geschenkband erneut vor. Der Text des Weihnachtsoratoriums und je ein Advents- und Weihnachtslied von Mendt selbst sorgen für den angemessenen Abschluss.

EVANGELISCHE VERLAGSANSTALT
Leipzig www.eva-leipzig.de

Tel +49 (0) 341/ 7 11 41 -16   vertrieb@eva-leipzig.de